昔話のコスモロジー

―ひとと動物との婚姻譚―

装丁　小林将輝

まえがき

この本は講談社学術文庫『昔話のコスモロジー　ひとと動物との婚姻譚』の復刻版です。昔話における「人と動物との婚姻」というテーマは、各国共通のテーマで、昔話の比較研究の基礎をなすものです。この本を書いたのはもうずいぶん前のことですが、私にとっては現在もなお中心的な研究テーマの一つです。その意味でここに復刻版を作った次第です。

一般には昔話と民話という言葉が混乱して使われているので、講談社版ではなるべく整理して扱いました。この復刻版では一層はっきりさせるために、いくつかの使い方で、講談社版よりきびしく整理してあります。

二〇一四年一月　　南生田にて　　小澤俊夫

目次

序章　昔話の比較研究

昔話・民話とは何か

近頃ではいろいろな呼び方を耳にする。民話、昔話、童話、おとぎ話、伝説、笑話、動物昔話。そして出版物でもテレビでもラジオでも、あまりしっかりした区別をせずに使っているようにみえる。そこでまずそれらの用語の整理をしておきたい。

民衆のあいだで口伝えに伝えられている話に、人類の文化遺産としての価値を見出し、学問的にとりあげた最初の人は、ドイツのグリム兄弟であった。グリム兄弟の兄のほうはヤーコプ（一七八五―一八六三）、弟はヴィルヘルム（一七八六―一八五九）という。マールブルク大学法学部在学中に、当時少壮の教授で、古代ゲルマンの法慣習について深い関心を抱いていたカール・フォン・サヴィニー（一七七九―一八六一）から、キリスト教改宗以前の古代ゲルマン民族についての目を開かれた。グリム兄弟は大学での勉強もさることながら、しばしば、町の中央に位する城山の中腹にあるサヴィニー教授の自宅を訪れては、そこに集まる後期ロマン派の詩人、クレメンス・ブレンターノや、アヒム・フォン・アルニムらとともに、古代ゲルマン民族の文化遺産についての雑談に加わったこともある。そのうちにまずドイツの民謡について興味をもち、ついで民衆の語るおとぎ話についての目を開かれて、母の住むカッセルに帰省したときなどを利用して、近所の薬屋の娘たちからおとぎ話を聞いたりした。一八〇七年のことだった。そして一八一二年のクリスマスに、それまで集めた八十六話を『グリム兄弟によって集められた子供と家庭のメルヒェン集』と題して刊行した。これの原題は *Kinder- und Hausmärchen gesammelt durch die Brüder Grimm* というもので、このMärchen（メルヒェン）ということばは「おとぎ話」ないしは「昔話」という日本語にあたるようなことばである。

ドイツ・ロマン派の詩人たちもこのMärchenということばを好んで使ったが、詩人たちの創作になるMärchenはいまではKunstmärchenとして区別されている。つまり「芸術おとぎ話」、「創作おとぎ話」といった意味である。

現在ではドイツ語圏のみならず、ヨーロッパ、アメリカ、東欧圏の研究者たちのあいだでさえ、Märchenというと口伝えの話全体ではなくて、ある一定の特質を備えた口伝えの話のことをいうようになっている。それはどういう話かといえば、具体的な例でいうと、グリム童話集のなかの「白雪姫」とか「ラプンツェル」、「怖さを習いにでかけた若者の話」、「七羽のからす」など一定の形を整えたものである。理論的にいうと、スイスの文芸理論家マックス・リュティの理論からみて、その語り口に抽象的様式をもった話をいう。

ここで詳しく述べることはできないが、大ざっぱにまとめていえば、初めと終わりに一定の枠組みを作る句をもっていて、時代も場所も人物も特定のものと結びつかず、語り口そのものにふつうの世間話とはちがった特徴がある話といってよいだろう。ドイツの研究者はこの厳格な意味での Märchen をいうときには、eigentliches Märchen つまり、「本来的な昔話」といういい方をする。フィンランドのアンティ・アールネのカタログを、後にアメリカのスティス・トムソンが補強して共著とした『昔話のタイプ』 *The Types of the Folktale*[1] のなかで、この意味での昔話を Ordinary Folk-Tales とよんでいる。

　スティス・トムソンはその昔話カタログを *The Types of the Folktale* と名づけているが、そこには、Animal Tales（動物昔話）と Jokes and Anecdotes（笑話と奇談）を含めている。したがって書名の Folktale は広い意味での昔話をさしていると考えなければならない。

　そこで日本における用語法だが、関敬吾は、日本の昔話研究史における記念碑的著作『日本昔話集成』[2]全六巻において、「第一部　動物昔話、第二部　本格昔話、第三部　笑話」という構成をとり、スティス・トムソンのカタログの大枠を導入した。わたしは昔話という大きなジャンルのなかに、この三つのジャンルを認めることに賛成である。そして『日本昔話通観』[3]においても、順序は異なるがほぼこれと同じ概念を認めて、「むかし語り、笑い話、動物昔話」としている。「むかし語り」が関のいう「本格昔話」にあたるのである。

　関の『日本昔話集成』の出現まで、日本の昔話研究者のなかで唯一のカタログとして使われていたのは、柳田国男の昔話観にもとづく『日本昔話名彙』[4]であった。そこでは、人の一生、とくに英雄の一生を語るのが昔話本来の意義であったとする柳田の昔話観にもとづいて、英雄の一生を物語るものを「完形昔話」とし、そこから一部が独立して語られるようになったものを「派生昔話」とした。柳田の考えによってそこでは、狐退治の話や和尚と小僧の頓智《とんち》話も「完形昔話」の「知恵のはたらき」というジャンルにはいることになり、運定め話は因縁話として「派生昔話」にはいり、「愚か聟」などの笑話も鳥獣草木譚も、「派生昔話」のジャンルにはいるという現象がおきた。これは柳田の二分類とよばれているが、現在の研究レベルからすると、その構造的把握には先進的意義は認められるが、全体の構成にはかなりのむりが感じられる。現在では関敬吾の『日本昔話集成』の三分類が日本でもほぼ定着しているといってよい。つまり、広い意味での昔話のなかに、本格昔話という厳格な様式の整ったものと、動物昔話、笑話をふくめる考え方である。

これで学術用語としての「昔話」は理解されたと思う。では昔話と伝説はどういう関係にあるのか。

日本の昔話は「ずっとむかしあったずもな、あっとこにじいとばあとあってな」などといって始まる。つまり時代も、場所も、人物も不特定である。そして語られる内容はおとぎ話で、信ずる必要はない。それは文芸としてたのしまれるのである。ところが伝説は、「むかし、景行天皇の御代に、近江国日野郷の岩那と磯那というふたりの男が……」というぐあいに、時、所、人物が特定されている。そしてその伝える内容は、聞き手や読者に信じられなくてはならない。それは「おとぎ話」ではないのである。ある奇跡的な、あるいはきわめて珍しいできごとが伝えられ、そのできごと自体が伝説の伝えるべき中心的関心事となっている。昔話では、天人が羽衣を脱いで水浴びをしたという奇跡的な事件を語っていても、その事件の珍しさ自体を伝えようとしているのではなくて、その先の話のすじの展開への一段階として語っているにすぎない。だから、話はその事件にいつまでも留まることをしない。

ところで、近頃よく使われるようになった「民話」とはなにか。柳田国男は「民譚」ということばを民間説話の意味に使った時期があった（例えば『山島民譚集』一九一四年）。関敬吾も早い時期に「民話」ということばを使ったことがあるとわたしはご本人から聞いたことがある（具体例としては『島原半島民話集』一九三五年がある）。しかし、民話ということばが世に広く知られるようになったのは、木下順二の民話劇「夕鶴」の発表（一九四九年）以来であろう。

民話は、柳田が民間説話の意を短く民譚と言ったのと同じく、民間説話を短く言うものと考えてよかろう。そしてもちろん、神々の行動を物語る「神話」に対して、人間の行動を物語るものが「民話」であると考えることもできる。また、才能と名声をもつ文筆家やお上の意志によって書かれた物語でなく、民衆のなかで伝えられてきた口伝えの話という意味であることもたしかである。現在、世の中の民話ということばに対するイメージは、この第三にあげたものであることが多いように思う。

　では民話は昔話、笑話、伝説などに対してどのような関係にあるか。いま述べたように、現在世間で使われている民話ということばは、民衆のなかで口伝えされた話という意味をもっとも強くもっているようであるから、そこには、民衆のなかで口伝えされている話らしきものはすべて含められている。すなわち、ある民話集には、学術的分類からすると笑話、動物昔話、本格昔話にあたるものが含まれており、ある民話集には、本格昔話と世間話と伝説にあたるものが含まれている、という現象がおきている。都市化された地域での民話集がたまに出版されると、それには世間話と伝説と笑話ばかり収められているということもある。そのような現在の状況からみて、民話という用語は、口伝えされた話をすべて含むと考えるのがよさそうである。一定の様式を求める昔話よりはるかに広い概念である。

　口伝えされた文芸全体を指すことばとしては、じつは柳田国男によって提唱され、研究者のあいだでは現在正式に使われている学術語がある。それは「口承文芸」ということばである。このことばは、フランス語に堪能であった柳田が、フランスのジェデオン・ユエ(Gédéon Huet) やポール・セビヨ (Paul Sébillot) の la littérature orale (口で伝える文芸) という用語の訳語として導入したものである。柳田がこの「口承文芸」なることばのもとに考えたのは、現在の用語法でいう昔話、笑話、動物昔話、伝説、なぞなぞ、ことわざ、唱えごと、たとえ話、童ことば、民謡、語りものであった。つまり、民衆のなかで口伝えされたすべての文芸である。

口承文芸という総括的な概念が学問的に必要であることはどの国でも同じで、ドイツでは近年、この意味で使うことばとして、Volkserzählung ということば、英語では Folk-Narrative、フランス語では、Conte Populaire（いずれも民衆の物語）ということばが使われている。

口承文芸という学術用語がありながら、同じような広い概念として民話という用語を使う必要はないという考え方もあろうが、口承文芸は上述の如く民謡や種々の語りものまで含めた広い概念であるし、一般に使いにくいこともたしかである。そこで、本格昔話、笑話、動物昔話、世間話、伝説あたりまでを含む、民話という俗称があってもよいだろう。

それは単に、日本の口承文芸のうちのいくつかのものを含むから便利というだけでなく、よその民族の口承文芸との比較においても便利であり、事実に即して分けられるのである。日本でいう「本格昔話」とか、「伝説」という概念と、例えばドイツ人がいう eigentliches Märchen や Sage という概念は後述のように、ぴたりと一致するわけではない。（そのひとつの面である人間と動物の結婚について、本書は扱うのだが。）それと同じように、例えばシベリア諸族やパプア・ニューギニア、インディアン、アラビアなどの人びとの話が、日本の今あげた概念にぴたりとあてはまるわけがない。それでも、それぞれの民族においてその話は、民衆のなかで伝えられた物語として存在しているのである。日本でいう昔話の概念を唯一のものと考えて、他の民族の口承文芸に対してもそれ以外の概念をもたずにたち向かうと、とても扱いきれなくなってしまう。しかも、現在では口承文芸の比較研究は不可避的な課題なのである。そうしてみると、日本国内に通用する厳密な学術用語以外に、ほぼそれに見合った俗称をもっていることは、かえって便利であり、有益であると思っている。

では「童話」と昔話ないし民話との関係はどうか。日本の口承文芸研究史のなかでは早い時期から「童話」ということばが用いられてきた。高木敏雄は民間説話論として『童話の研究』(一九一六年) という本をあらわした。またグリム兄弟の集めた昔話集に対しても、金田鬼一は『グリム童話集』[5]の名を与えた。思うに、おとぎ話などという架空の話は、そもそも女子どものためのものという発想が、そこにはあったのであろう。

上述のごとくグリム兄弟はそのメルヒェン集に『子供と家庭のメルヒェン集』という名を与えている。「子供」の部分のみが強く受けとられがちであるが、わざわざ「と家庭の」と入れているところにも注目しなければならない。つまり、グリム兄弟の蒐集活動のあいだでの認識によれば、これらの昔話は、子どものためばかりでなく、家庭で親も子も、あるいは共同体のなかでおとなも子どもともに聞いてきた、そして聞くことのできる話なのである。そのなかに、いかにも子どもに向いた話があることはたしかなのだが、グリムのメルヒェン集を子どもだけのものと理解するのは、せますぎるといわなければならない。しかし、グリム兄弟は集めたメルヒェンにかなり手を加えて一定の形のメルヒェン――それは最終的には読むメルヒェンになった――を創りだしたので、結局は「グリム童話集」と訳すのが、もっとも適当であろう。

わたしは、昔話ないしは広くとって民話のなかには、子どもにとくにふさわしい、童話とよばれるべき話もあるが、すべての昔話、すべての民話がすなわち童話というわけではない、と考えるのがもっとも妥当だろうと思う。そして一方、童話のなかにはもちろん、民話でない童話もあるわけである。

おとぎ話についても、ほぼ同じようなことをいうことができる。すでに述べたような意味での昔話――つまり本格昔話、笑話、動物昔話――には、おとぎ話であるものがほとんどだということができよう。つまり、おとぎ話性とでもいうべき架空性が強い。ところが範囲を広げて民話としてみると、民話のなかの世間話にはおとぎ話性は弱く、伝説にはそれがない。だからここでも、昔話のなかにも民話のなかにも、おとぎ話であるものと、そうでないものがあるといわなければならない。イコールではつながらないのである。そ

してお伽話には当然、口伝えでない、創作によるおとぎ話もあるわけである。

日本の昔話をドイツ語に訳してドイツで出版したときのわたしの経験からすると、[6] ヨーロッパの研究者たちは日本の昔話を読んで、「メルヒェンというよりむしろ伝説に近いように思う」という感想をよせてきた。[7] ヨーロッパの研究者たちはしばらく前までは、本格昔話（ドイツ語では eigentliches Märchen, 英語では Ordinary Folk-Tales）のことをドイツ語で Zaubermärchen, 英語で Magic Tales とよんでいた。つまりドイツ語、英語とも「魔法昔話」という意味である。魔法が話の中心になった話である。魔法が重要なはたらきをする話でないと、本格昔話と感じないのである。そういうヨーロッパ人の昔話感覚からすると、わたしがドイツ語に訳した日本の本格昔話は、ほとんど伝説に近くみえてしまうのである。

昔話の比較研究の必要性と可能性

ルッツ・レーリヒというドイツ・フライブルク大学民俗学科の教授は、わたしのドイツ語版「日本昔話集」のことをこう評している。

「小澤は『本格昔話』に限定していないようです。この編者はそもそも魔法昔話（あるいは冒険昔話）はあまり採用していないし、小説的昔話は全然採用していません。そのかわりに動物昔話、伝説、それに笑話もいくつか採用しています。……小澤の日本昔話集のなかのいくつかは――ヨーロッパの術語でいえば――『伝説』にあたります。そしてそれがまたヨーロッパの伝説とても親縁性が強いのです[8]」。

この食いちがいは、たいへん興味をそそる問題である。つまり、ことばとしては同じ用語を使いながら、そのイメージはかなりずれているということがわかったからである。それはどうしておきるずれなのか。具体的にいえば、なにがちがうから、こういう概念のずれが生じるのか。

日本人が「本格昔話」と感じている話を、ヨーロッパ人が「伝説」に近いと感じるとすれば、日本人とヨーロッパ人とで、「ああ、これは昔話だな」と感じる対象がちがうということである。それはどこからくるのだろうか。

わたしはこの本で、人間と動物の結婚の昔話をじっくり読み込んで、この大きな問題解明へのひとつの試みをしてみたいと思う。これはまったく大きな問題なので、わたしのこの試みの方法だけで解明できるかどうかわからないが、ひとつの手がかりは得られると思う。

わたしの方法といったが、それはどういう方法かといえば、昔話自体の文章を詳細にほりさげながら読む、という方法である。あたりまえのことのようだが、昔話の研究にはテクスト自体をよく読み込むことがまず第一にたいせつなことだとわたしは思っている。

話型やモティーフの類似だけを問題にしている限りは、語り手の片言隻句はそう重要でないかもしれないが、昔話の精神世界のなかへはいろうとすれば、語り手の語る一言一句を詳細に吟味しなければならない。そして、さきに述べた問題、すなわち日本人が「本格昔話」

と感ずるものと、ヨーロッパ人が「魔法昔話」ないし「本来的昔話」と感ずるものとが、ずれている、その原因はどこにあるか、というような問題については、まさに語り手の意識のなかへはいりこんで考えてみなくてはならないのである。それには語り手のことばのひとつひとつを吟味しなければならない。そしてそうした忍耐力のいる方法でやってみると、たしかにあちこちに新しい発見をするのである。それがどのようなものであるか、本文を読んでいただきたいと思う。

わたしはここに、人間と動物との婚姻の話をとりあげた。その場合の動物というのはすこし広くとって、人間以外の、超自然的なものとすることもある。すなわち関敬吾が「異類婚姻」とよぶ話を中心としている。

なぜ動物との婚姻をとりあげたかというと、わたしの問題意識からすると、そこにそれぞれの民族の昔話観が集約的に現われていると思うからである。つまり、動物の配偶者を人間のほうではどうみているか、人間から動物、動物から人間への変身を、登場する主人公はどうみているか、そして語り手はそれをどう受けとめているか、どう説明しようとしているか、というあたりが、昔話の世界をどう造形するかというその仕方の、かなめになっていると思うのである。そして、それらをどうみていて、どう造形するかということは、ひとことで言ってしまえば、昔話としてのドラマをどこに感じているか、語り手はドラマをどこにつくろうとしているか、という問題なのである。

ことばをすこし整理していえば、日本をはじめ世界のあちこちの民族は、昔話という口伝えの文芸の世界のなかで、どこに文芸としての感動を求めているか、という問題である。感動というのはもちろん広い意味で、おもしろさや小気味よさ、残酷な喜び、意外性のたのしみなど、文芸が与えうる心の動きをさしている。

日本の異類婚の昔話を世界のあちこちの民族の異類婚の民話（前述の如く、どの民族でも異類婚の話を日本人のいう「昔話」の形で語っているとは限らない）のなかに置いて読み込んでみると、そこにはおのずから日本の昔話の特質といえるような性質が浮かび上がってくる。よその民族の民話のなかに置いて見るからいっそうよくその特質が見える、ということがあると思う。

昔話にせよ民話にせよ、それが民衆のあいだで長い年月語り伝えられてきたからには、そこにはその民族が許容した考え方があるはずである。民衆が受け容れられる話だからこそ、根絶やしにならないで伝えられてきたのだろう。そうした昔話や民話のなかには、その民族が気づかずにもっているような基層的な考え方、自然への対し方、動物への対し方がしみこんでいるはずである。異類婚の話の分析を通じて、そうした基層をなす考え方をさぐることができるのではないか。

そこで第三章では、これまでの分析を全体的に再検討して、特に日本の昔話の基層をなしている特質をさぐる。その際、昔話研究史上、大きな貢献を成した構造主義的な概念を活用して、問題の所在を明確化したい。

また、動物の姿という点に着目して、日本の異類婚姻譚の流れを図式化する試みも示してみたい。それによって、前章までに述べてきた日本の異類婚姻譚の特徴がいっそう明らかになるだろう。

そこに浮かび上がってくるのが、主人公である人間が終結部において、発端部と同じくひとりになるという問題である。このことから、日本の場合にはいくつもの話が連鎖的につながることが可能であるという、奇妙な性質が導き出される。

そして同時に、パートナーとなる動物はどこから来るのか、という問題も浮かび上がってくる。これは、日本の農民たちが、自分の存在を、この世界のどこに位置づけていたか、どういうものとして位置づけていたかという存在論的な問題である。

自らの存在をとりまく世界をどのようなものとして感じ、そこから何が来ると感じていたか。そして、自らはそれに如何に対処して生きなければならないと考えていたか。われわれは日本の異類婚姻譚を通して、そういう昔話のコスモロジーをさぐることができるのである。

そこに示された、かつての日本農民が感じとっていたコスモロジーは、じつは現代の日本人にとっても捨て去ることのできないものなのではないか。ここに至って、昔話の研究は、現代日本人の行動様式を考える上での、ひとつのヒントになることが理解されるであろう。

注

（1）Antti Aarne = Stith Thompson : *The Types of the Folktale*, FFC 184, Helsinki, 1964.

（2）関敬吾『日本昔話集成』全六巻、角川書店、一九五〇―一九五八年。

（3）稲田浩二・小澤俊夫編『日本昔話通観』全二十九巻、同朋舎、一九七七―一九九〇年。

（4）柳田国男監修・日本放送出版協会編『日本昔話名彙』一九四七年。新版一九五一年。

（5）金田鬼一訳『グリム童話集』岩波文庫。

（6）Toshio Ozawa : *Japanische Märchen*, Fischer Taschenbuch Verlag, Frankfurt a. M., 1974.

（7）小澤俊夫編『日本人と民話』ぎょうせい、一九七六年、所収の外国人研究者の論文を参照。

（8）同右書、九六ページ以下、ルッツ・レーリヒ「ドイツ人の目から見た日本の昔話」を参照。

第一章　ひとと動物との婚姻譚――動物の夫

Ⅰ　動物が、あることの代償として娘を要求する

日本の異類婚姻譚の比較研究

昔話を構成している重要なモティーフとして、ひとと動物との結婚がある。日本の昔話でいえば「蛇婿入り」、「つる女房」などがそれで、日本の昔話の話型のなかでは、この「異類婚」をテーマにした話は相当に多い。関敬吾は「昔話の型」というカタログ（『日本昔話集成』第三部の二所収）のなかで、「四　異類婚姻」という大きな項目を設けているほどである。関はそこで「A　異類聟」「B　異類女房」という大別をして、日本に伝えられている話型を整理している。

「A　異類聟」
一六〇　蛇聟入A苧環《おだまき》型（集成〔以下同じ〕一〇一A）、B水乞型（一〇一B）
一六一　鬼聟入（一〇二）

一六二　猿聟入（一〇三）
一六三　蛙報恩（一〇四A）
一六四　鴻の卵（一〇五）
一六五　犬聟入（一〇六）
一六六　蚕神と馬（一〇八A）
一六七　木魂聟入（一〇九）

「B　異類女房」

一六八　蛇女房（一一〇）
一六九　蛙女房（一一一）
一七〇　蛤（魚）女房（一一二）
一七一　魚女房A（一一三A）、魚女房B（一一三B）
一七二　龍宮女房（一一四）
一七三　鶴女房（一一五）
一七四　狐女房（一一六）
一七五　猫女房（一一七）
一七六　天人女房（一一八）
一七七　笛吹聟（一一九）

動物との結婚を重要なモティーフとしてもっている話としてはこのほかに、「五　異常誕生」にふくまれているものがいくつかある。

「五　異常誕生」

一七八　田螺《たにし》息子（一三四）

一七九　蛙息子（一三五）

このように日本の昔話のなかでは動物との結婚が中心になった話がたくさんあり、しかもそれらがつぎに示すように、一定の特徴をもって語られているので、わたしたち日本人は動物との結婚といえばすぐ、これらの日本の話を思いだすだろう。そして日本の動物との結婚のあり方があたりまえのように思われているであろうが、それをひろく諸民族の異類婚の民話のなかに置いてみると、やはりそこにはある種の特徴が感じられるのである。この章で考えてみたいのはそのことである。ひと口で言えば、日本人であるわたしたちが、あたりまえのものとして伝えている異類婚の昔話を、よその民族の昔話ないし民話と比較してその特徴を浮き上がらせてみたい、ということである。

よその民族の昔話ないし民話と比較するためには、そのよその民族の話をよく分析して考えてみなくてはならない。だから、日本の昔話をよその民族の話と比較して考察するということは、すなわち、よその民族の昔話ないし民話を分析的に考えてみることになるのである。そのことなしには、日本の昔話の客観的な姿を正しく把握することはできないだろうと思う。そしてその分析的考察は、民話をよりよく理解することを助けるだけでなく、われわれ日本人がよその民族をよりよく、深いところで理解することを助けるだろう。

ところで昔話を分析的に考察するということはどういうことかと言えば、序章で述べたように、その第一歩は、昔話それ自体をよく読むことである。昔話自体についての研究は、それが様式論的アプローチであれ、構造論的アプローチであれ、あるいはまたモティーフ論的アプローチであれ、昔話のテクスト自体を精密に読むことから始められなければならない。すべては、語り手がどう語っているか、そのひとことひとことについての精密な吟味から始められなければならない。

その考え方からすると、いまここにかかげたテーマについても、昔話の語り手のテクストそれ自体をこまかく分析的に読んでいく以外に方法はないと思う。それで、これから、あらゆるこまかい点について、ひとつひとつこだわりながら考えてみたい。

日本の異類婚の例――猿婿入り

まず日本の異類婚の昔話とはどんなものか、近頃ではテレビやラジオ、本、絵本を通じてよく知られていると思うが、それらは必ずしも昔話の本来の姿を伝えていない。再話者や編集者、ディレクターが「こうした方が子どもに受けいれられやすいだろう」と思う方向で改作されていることが多いのである。そこで、分析の素材を共通にするため、日本の昔話の実例を読んでいただこう。昔話はそのストーリー自体におもしろさがあるし、語り手の語り口そのものに魔法的魅力があるとわたしは考えているので、この場合の実例は、実在する語り手の語った記録を全文読んでいただきたいのだが、なにぶん限られたスペースでのこと、残念ながら要約する。ただし、重要な場面やせりふは語られたまま読んでいただきたいので、「　」をもって示すことにする。

「猿婿入り—畑打ち型[1]」

娘の三人ある爺が山を開いて大根をまいたり、菜を作ったりしていると、猿が一匹でてきて、かわりに畑仕事をしてやるから娘をひとりくれ、と言う。爺は、娘は三人いるからと承諾し、仕事をまかせて帰る。爺は、娘が行ってくれればいいが、もし行ってくれなければ猿に申しわけないと心配しながら寝る。翌朝になっても起きないでいると長女が来て、起きてお茶を飲むようにすすめる。爺が、おまえが猿の女房に行ってくれれば起きるが、そうでなければ起きないと言うと、長女は「猿の女房やなんぞ、だいきらい。そぎゃあことはようせん」と言って去る。つぎは次女が来てお茶をすすめるが、わけを聞くと、「猿の女房になんぞ、誰が行くもんにゃあ。いやらしい」と断わる。つぎに末娘が来てお茶をすすめるが、わけを聞くと、「そりゃあ、猿の女房にわしが行ったげるけえ。わしが思うようなものを買うてやんさりゃあ、そりゃあ行きましょう」と答える。爺は起きてお

茶を飲む。娘が思うものとは、はんどう（かめ）と鏡であった。爺がそれらをそろえてやると猿がやって来て、

「昨日の約束どおり、畑を刈って、菜をまいといたけえ、娘をひとつ、今度はもらいに来たけえ」と言う。末娘は猿に、荷物があるからとてはんどうを負わせる。猿は「そりゃあ負うてみる」と言ってはんどうを負い、娘は鏡をふところに入れて、連れだって出る。途中の川に一本橋があり、娘は橋の上から鏡を水の中へ落として泣く。娘が、親にもらった大切な鏡を落としたと訴えると、猿は「それぐらいのことなら泣かあでもええ。わしがひろうてやる。どっかはんどうをおろいとかにゃあやれん」と言う。しかし娘が「親にもろうた、一番大事なはんどうじゃけえ。わしの命より大事なはんどうじゃけえ、それをおろいてくれちゃあいけん」と言うので、猿は「そんなら負うて入ろう」とて水に入っていく。

猿が「ここか」と言うと娘はそのたびに「まだ先」と言う。水がだんだん深くなり、はんどうの中へ水が入り、猿は死ぬ。娘は喜んで家にもどり、「猿はなあ、水の中へ溺れて死んだけえ、それでわしは戻った」と言う。爺も「それはまあ、ええことをしてくれた」と言って喜びかわす。

さて、この話は、部分的なちがいはあっても日本国内にひろく分布しているもので、よく

知られているが、この章での分析への出発点として、ひとと動物との関係を中心にすえて、いくつかの点を明確にしておきたい。

父は猿を猿として見、しかも友好的

導入部は、ある困難な状況に直面した男に猿が現われて、仕事を片づけてやるから娘をくれと言い、男がそれに応えるというモティーフである。この部分は、田が干上がったので、田に水を入れてくれた者に娘を与える約束をするという、いわゆる「水乞いモティーフ」になっていることもある（「猿婿入り―水乞い型」という）。すぐあとで見るように、こういう状況のなかで娘を人間でないものの嫁に約束する話は、よその民族にもある。ヨーロッパでは悪魔や巨人に娘を与える約束をすることが多い。

アールネ＝トムソンの『昔話のタイプ』は、現在世界じゅうの口承文芸研究者たちのあいだで、共通のカタログとして使われているが、そこにはこの悪魔への約束のモティーフがいくつもの話型の導入部として語られていることが示されている。例えばAT316「池の水の精」、AT400「失った妻を捜しにいく男」、AT425「失った夫の探索」など。しかしここでは、この問題が主題ではないので先へ進もう。

この部分で動物と人間の関係をみれば、男は猿が人間のことばをしゃべって話しかけてきたことにはすこしも驚いていない。もし伝説のなかでならば、動物が人間に対して友好的で

あろうが敵対的であろうが、こうして人間の前に現われて、人間と同じことばをしゃべれば、そのこと自体に伝説としての興味が向き、そのこと自体が、伝説が伝えるべき奇跡的事件となるはずである。ところが昔話のなかでは、人間と人間でないものとの間に断絶はなく、自然や動物や超自然的な存在が人間のことばをしゃべっても、そのこと自体は驚きの対象とされないのである。

導入部でもうひとつ注目しておきたいことは、猿がこの男に対して友好的であり、男のほうでも猿の申し入れを疑ったり、猿を畜生として毛嫌《けぎら》いしていないということである。そして男が、猿に対して約束したことを守らなければ、猿に申しわけないと思っていることは、つぎの場面でもあきらかである。

つぎの場面、すなわち男が帰宅しての場面では、心配のために朝になっても起きてこない父を、長女から順に起こしにくる。昔話の様式という点からみると、この場合にはかならず長女から順にくるものである。次女、三女、長女というようなことはけっしてない。昔話は整った形を好む。そして猿との結婚を承諾するのは三人娘のうち最後に来た者、すなわち三女となる。二番めに来た次女が承諾して三女は意志を尋ねられもしなかった、というような語り方はしない。こういう性質は民族のちがいを超えて、昔話がもっている重要な性質である。

ところでこの章のテーマからみると、この場面は重要である。すなわち、長女の断わりのせりふは「猿の女房やなんぞ、だいきらい。そぎゃあことはようせん」というものであり、次女のせりふは「猿の女房になんぞ、誰が行くもんにゃあ。いやらしい」というものである。これらのせりふから姉たちの気持ちを察してみると、この猿をふつうの動物としての猿とみていることはあきらかである。猿を特別に超自然的な、魔的なものとは受けとっていないし、神聖なものとも受けとっていない。まったく日常的感覚で、猿と結婚するなんて「いやらしい」と思っているのである。動物との結婚を日常的、感覚的に拒否しているといえよう。よその民族の異類婚の話をみるときに、この点は重要な意味をもってくるので、とくに注目しておきたい。

末娘の決意

この場面での末娘の返事と振舞《ふるま》いは、さらに重要である。この娘の返事の前半は「そりゃあ、猿の女房にわしが行ったげるけえ」というものだった。ここには父親の困った様子を見て、それを助けてあげようという孝行娘の調子が感じられる。そして事実、この話の語り手は最後をこうしめくくっているのである。「まあそれから先は、その妹と、（すなわち）親孝行な妹とつろうて、一緒にすごしたちゅうことです。けっちりこ」

そして返事の後半は「わしが思うようなものを買うてやんさりゃあ、そりゃあ行きましょう」というものだった。そしてその「思うようなもの」とは、はんどうと鏡である。この段階では、娘がなぜはんどうと鏡を所望《しょもう》したのかは、聞き手にも読者にもわからない。父親もおそらく、ふつうの嫁入道具と考えて用意してやったであろう。この点についてはこのふたつの嫁入道具が効力を発揮したところで、もう一度ふりかえって考察することにしよう。

嫁入道具はこのふたつに限らない。水がめを背負わせ、長いぞうりをはかせていくという語り方もある。猿の足に一尺もあまるような長いぞうりである。(2)

さて娘は鏡をふところに入れて、はんどうを担いだ猿と連れだって家を出るが、一本橋の上へ来ると鏡を水に落として泣く。このあたりから、娘がなにをしようとしているかが予感できるようになる。大げさに言えば娘の殺意が感じられてくるのである。善良なる猿は自分がとってきてやろうと、はんどうを地面に置こうとするが、こうなると娘のほうが知恵にたけていて、「わしの命より大事なはんどうじゃけえ、それをおろいてくれちゃあいけん」と言う。猿をぜがひでも殺そうという必死の努力である。そして水に入った猿が「ここか」と言うたびに「まだ先」、「まだ先」と言って猿をだんだん深みへ誘導していく。そしてしまいにはんどうに水が入って猿が流されてしまうのだが、口で語り聞かせる文芸として、この部分の緊迫感のもりあげはよくできていると思う。「ここか」、「まだ先」を二度ないし三度くり返していくのだが、聞き手は、この猿がはんどうを背負っていることを知っている。それゆえ、こうやって進んでいくうちになにが起きるかは予想できるのである。そして果たせるかな、はんどうに水が入って猿は流されて死ぬ。緊迫感のつぎにくるどんでん返し、そして猿からの解放、そこにこの昔話のドラマがある。娘は無事に父母のもとへ帰り、みな大喜びし、父は「ええことをしてくれた」と言う。

「猿婿入り―里帰り型」の場合

この「猿婿入り」には後半が、別な語り方のものもある。娘が猿のもとへ嫁入りしてしまい、初めての里帰りのときに爺婆へのみやげとして猿の夫と妻が餅をつく。猿の夫がつきあがった餅を重箱につめていこうどうすると嫁が、爺は重箱につめた餅は重箱くさいとて食べないと言い、猿に臼ごと担がせる。途中に川があり、堤に美しい桜の花が川の上へかぶさるように咲いている。爺婆へのみやげに桜の枝を一本折っていこうということになり、猿の夫が臼を置こうとすると、嫁は、臼を地面に置くと爺が土くさいと言って餅を食べなくなると言う。猿はやむなく臼を背負ったまま木に登っていき、下にいる嫁に向かって、「この枝か」と言うと、嫁は「もっと上」と言う。「この枝か」、「もっと上」。そしてついに枝が折れ、猿は臼を背負ったまま川に落ちて流される。

この語り方は、緊迫感のもり上げという点では、先の例よりもっとうまく語られていると思う。川は奥へ入ってもかならずしも深くなるとは限らないが、木の枝は上へいくほど細くなることは、誰でも知っているし、例外なくそうだからである。そして臼を背負っている。臼の重さと先のほうの枝の細さ。それがこの話の緊迫感をもりあげている。実にたくみなすじ立てである。聞き手をひきつけるにじゅうぶんな力をもっている。とくに、猿の嫁にされた末娘への同情を感じて聞いている人には、つぎにくるどんでん返しがこの上なく嬉しく、ほっとすることだろう。

川へ猿の夫を落とす方法はちがっていても、この場合、娘はとにかく無事猿の力から脱出することができたのである。その意味で、「めでたし」なのである。前者の例、つまり嫁入りする途中で猿を落としてしまった場合には、娘は父の家へもどって無事を喜びあって、「めでたく」終わるわけである。後者の例は、つまり一旦嫁入りしてしまって里帰りの途中で猿の夫を落とした場合には、猿からの解放を喜びつつも、出もどることはできないという気持ちからか、娘は放浪に出、火焚き娘として大家にやとわれて、そこではじめて幸せな結婚をするという、「火焚き娘」のモティーフがついてくることが多い。この部分の詮索《せんさく》は別な問題になるので、ここでは足を踏み入れないことにする。しかし、末娘が猿から解放されて喜ぶことにはかわりない。

さて、この猿婿入りの話を読んで、だがなぜ猿は川へ落とされなければならなかったのだろう？　と思うひともすくなくあるまい。猿はなにも悪いことをしていないではないか。父親の畑仕事を手伝ってやっただけで、そのときの交換条件として娘を嫁に迎えに来ただけではないか。「里帰り型」の場合にしても、末娘を嫁としていじめたとは語られていない。それどころか、里帰りに際して爺婆のために餅をつき、臼ごと担げと嫁に言われると、そのとおり担いでいく善良な夫ではないか。桜の花が美しく咲いているところへ来て、嫁が父母のために枝を折っていきたいと言えば、自分が木登りする、しかも嫁の言うとおり臼を担いだまま。まったく善良な夫である。

見方によれば、夫である猿が善良であればあるだけ、嫁である末娘は冷酷な、計略家であるといえよう。この結末まできてふりかえってみれば、末娘が猿との結婚を承諾し、「思うもの」をくれと父に願って、はんどうと鏡を手に入れたのは、単なる嫁入道具とはほど遠く、父の困難な状況につけ込んで娘を手に入れようとした動物への、殺し道具だったのである。

こうみてくると善良なのは猿で、むしろ同情は猿に向けられるべきだ、ということになりそうである。しかしやはりそうはならず、猿から解放されて「めでたし」といって話が終わるのである。そういう終わり方、ないしは後半へのつなぎ方が、日本の民衆のなかで支持されたからこそ、この猿婿入りの話はかくも広く、日本国内に口伝えされているのであろう。

日常感覚からくる嫌悪感

ではそのとき、猿を川に流して猿から解放されたことを「めでたし」とする、その気持ちはなにに根ざしているのだろうか。

すでに述べたように、語り口をよくみれば、日本の語り手も聞き手もこの猿を、「魔術師」

とも感じていないし、「神の使い」とも感じていない。要するに、超自然的存在とは感じていない。もっと自然に近く、ふつうの猿と感じているのである。

　日本の民俗的事象のなかで、猿を田の神の一種と考える信仰があり、それにまつわる行事の名残りがあることは、民俗学の成果として明らかにされている[3]。そしてこの「猿婿入り」の導入部のモティーフ、とくに「水乞い型」のモティーフは、その民俗信仰に根ざしていることを指摘することはできよう。しかしその古い信仰から生まれたにせよ、昔話として独立の生命を得てかくも長く、広く、口で伝えられたからには、昔話それ自体としての生命力を獲得していたにちがいない。昔話それ自体として、背後にあった信仰が消えても、あるいはそういう信仰を知らないひとたちのなかででも、昔話として生きつづけられたからには、そこに昔話自体としてひとに訴える力があるにちがいない。その力とはなにか。ひとを文芸的にもてなすものとしての昔話がもっているその力とはどんなものなのか。その力というものは民族によって異なるにちがいない。

　すると、日本の「猿婿入り」の昔話がもっている、そうした口伝えの文芸として生きる力を分析してみれば、それは日本の昔話にいつのまにか込められた日本的特質が、ひとつの具体的な相のなかで見えてくるのではなかろうか。それがこの章でやってみたい問題なのである。したがってここでは、背後にある信仰的事象はほとんど射程内にいれない。個々のモティーフがなぜ生まれたか、を問うことももちろん大きく、重要で、興味ある、そして有益なアプローチである。しかし昔話がすでにひとり歩きして久しく、かつ、かくもひろく日本国内に伝えられている事実をみると、口伝えでひとり歩きしている文芸としての昔話を、簡単に言ってしまえばいま語られている昔話それ自体を、分析的に考えてみることにも意義があろうと思うのである。

そこで「猿婿入り」にもどると、猿のほうが善良で、末娘のほうが冷酷な計略家であるにもかかわらず、この終わり方を「めでたし」と感ずるのは、ただ一点、ふつうの動物としての猿と結婚するということへの感覚的嫌悪感なのではあるまいか。それはごく日常的感情である。まったく客観的にこの昔話の内容を言えば、すでに述べたように末娘のほうには分《ぶ》がなく、猿こそ善良な夫と言われなければならないのに、そうは理解しないで、娘の行動を理解し、猿から解放されたことに「やれやれ」と安心するのは、ことがらへのこの日常的感情からくる把握が圧倒的に優勢だからではあるまいか。

この例だけにあまりこだわっていても理解しにくいかも知れない。視野をひろげてみよう。視野をひろげるといっても、むやみやたらに動物との結婚のある話ならなんでも、というわけにはいかない。比較ということは、比較できるものの間でしか成立しないのだから。

導入部による分類

よその民族の異類婚モティーフをもった民話をみると、その内容は実に多様である。その多様な相をなにによって整理できるかといえば、人間と動物がどのようにして接触し、結婚にいたるか、という部分がまずもっとも重要に思われる。つまり、そこに人間と動物との関係の最初の設定があるからである。

そうしてみると、いままでみてきた日本の「猿婿入り」の昔話は、つぎのような関係で始まる話ということができよう。

「動物が、あることの代償として、娘を要求する」。

人間と動物の関係を最初に示す設定をこのようにくくってみると、日本の昔話のなかでは、とくに分布の広い「蛇婿入り―水乞い型」、「鬼婿入り」、「蛙報恩」、「蛇婿入り―鷹の巣型」、「鴻《こうのとり》の卵」がある。しかし日本の「猿婿入り」についてはすでにいくらか述べたので、ここでよその国の異類婚へ目を転じてみよう。

よその国の民話といっても、日本語に訳されていないものまで手をひろげると、きりがなくなるので、よその国々の民話の日本語版でまとまったものとして、『世界の民話』[4]全三十七巻のなかからひろってみることにする。そこにはこの発端の設定をもつ話として、つぎの七話がみられる。インドネシアの「リンキタンとクソイ」（アジア編II、八八番）、インド北部パンジャブの「わにとお百姓の娘」（パンジャブ編、二四番）、マケドニアの「テンテリナとおおかみ」（東欧編I、二七番）、ハンガリーの「物言うぶどうの房、笑うりんご、ひびく桃」（東欧編I、二番）、フランスの「美女と野獣」（南欧編、一番）、フランス・ロレーヌ地方の「ばら」（ロートリンゲン編、三七番）、北アフリカ、カビール族の「ろば頭のムハメッド」（アフリカ編、四番）。

これらの話を同一の発端をもつものとして、その後の人間と動物との関係を注意深くみてみたいのだが、まず、日本からみて地理的にももっとも遠く、内容的にも大きな違いのある話として、フランスのロレーヌ（ロートリンゲン）地方に伝えられる「ばら」をとりあげてみよう。

「ばら⑸」

商人が町へ買いものに出かけるとき、三人の娘たちがそれぞれおみやげを所望する。末娘は「きれいなばら」を望む。父親は買いものをすませての帰りみち、大きな森のなかで道に迷う。突然目の前に大きな城が現われたので入ってみると人はいない。大広間には食事が用意されていて、「どうぞ召し上がってください」と声がするのでそれを食べる。食べ終わると「まっすぐに行って、おやすみなさい」と声がするので美しい寝室へ行って寝る。翌朝美しい庭へ出てみると赤いばらの花がひとつだけ咲いているので、末娘へのおみやげに折る。するとどこからかおそろしい叫び声が聞こえてくる。

「たったひとつの私の持ちものを取ってしまったね。それが私のもてなしへのお礼なのか？」父が「いや、そうとは知らなかったのです。家にいるかわいい娘に、ばらを持って帰ってくれとだけ頼まれたものですから」と答えると、声が「家に帰ったときに、おまえにとびついてきた最初のものを私によこすと約束してもらいたい」と言う。父はいつでもとびついてくるのは犬だと思い、それを約束して帰る。ところがとびついてきたのは末娘である。

父は「おまえはわたしをふしあわせにしてしまった。わたしは約束をはたさなければならないのだ」と言って嘆き悲しむ。末娘は父からわけを聞くとこう言う。「ああ、お父さん。泣かないで。きっと、そんなに悪いことにはならないわ。あたしを連れていってください。きっとそれはとても不幸な人なのよ。あたしが助けてあげられるかもしれないわ」。翌日、父と娘が城へ行くと、ドアの上に「すべては美しい子のために」と書いた大きなふだがかかっている。「城はすみずみまで飾りたてられていたので、娘は父に言った『ほら、お父さん、親切にめんどうを見てもらえるわ』」。

城の中ではいたるところに、「すべては美しい子のために」と書いてあり、大広間にはごちそうの並んだテーブルがあり、「美しい子よ、食べなさい。美しい子よ、飲みなさい」と書いてある。すばらしい寝室にも同じように書いてある。ごちそうを食べて寝床につき、翌朝目がさめると、城じゅう美しいものだらけで、いたるところに歓迎のことばが書いてある。八日間そうやってひとりで暮らす。九日めの夕食をすませたとき、ドアがあいて、みにくいひきがえるがはいってくる。テーブルのところまではねてきて、「美しい子よ、ぼくと結婚してくれるかい？」と言う。娘は答える。
「まあ、みにくい動物ね。あんたとなんか結婚するわけがないじゃないの」。それからまた八日間、同じようにひとりで暮らしているが、「九日めに、ひきがえるはもう現われず、食事ももう出されなくなった。十日めに、娘はひきがえるを捜しに出た。すると、沼の中でいかにも悲しげに泣く声が聞こえた。娘はひきがえるを呼んで、尋ねた。『なぜそんなに悲しそうに泣いているの？　もう聞いていられないわ』。ひきがえるは答えた。『ぼくがきらいだっていうから、ぼくはとてもふしあわせなんだ』。娘は心の奥底ではっとして、言った。『あたしがああ言ったことでそんなにふしあわせなんだったら、あんたの望みどおりにしてあげるわ。出ていらっしゃい。それであんたをしあわせにしてあげられるんだったら、そのままのあんたと結婚するわ』」。
そのとき、ガタガタ音がして、大地が震えたかと思うと、美しい若い男が娘の前に立ってこう言う。「ぼくは王子で、魔女に魔法をかけられていた。いま、きみのおかげで救われたのだ」。そしてふたりは結婚式をあげる。

（フランス・ロレーヌ〈ロートリンゲン〉地方）

フランスでは十七世紀末にシャルル・ペローが十編のおとぎ話をまとめて出版した。これは民間伝承の話をペローが再話したもので、当時の宮廷的趣味や道徳観が色濃く織り込まれている。フランスで現代採録される民話にもペローの再話からの影響と思われるような、宮廷的趣味や道徳観がみられることが多い。いまここに要約した「ばら」は、フランスの著名な民話研究者アンゲーリカ・メルケルバッハ＝ピンク女史が、一九三七年の冬に、ロートリンゲンのブーゼンドルフで、ペルネ夫人（一八六七—一九三八）から聞き書きしたものである。分析しながら話をたどってみよう。

魔法をかけられたものとしての動物

商人がばらの花を見て、娘の希望をかなえてやろうと思ってばらを折ると、おこった声がする。そして、帰宅したとき最初にとびついてきたものをよこすと約束するなら許してやる、というところ。ある困難な状況のなかで、父が約束するという点は同じだが、実は父は、そのとびついてくるものが娘であろうとは思ってもいない。いつものように犬がとびついてくるだろうと思っている。この語り口からすると、父は声の要求に応じたとき、あまり苦しい選択をしたわけではない。

ところで商人がばらを見つけるにいたるまでに、道に迷って見知らぬ城に入り、声によって歓待されるというモティーフがある。このモティーフは、フランスの「美女と野獣」の冒頭にもでてくるものである。おとぎ話といえば、お城や王子を登場させることが、フランスではとくに多いようにみうけられる。「ばら」の冒頭でお城が舞台となることは、やがてお

城の中で解決があるだろうことを予想させる。「美女と野獣」の場合も同じことで、野獣が現われるのだが、それはお城の中のこと。日本の場合のように森の中に野生している野獣とは、はじめから別物なのである。そしてこのことは最後まで一貫している。

　そして、父親からわけを聞いた娘のことばは、われわれの問題にとって重要である。

「ああ、お父さん。泣かないで。きっと、そんなに悪いことにはならないわ。あたしを連れていってください。きっとそれはとても不幸な人なのよ。あたしが助けてあげられるかもしれないわ」。

　フランスの話と日本の話を、いきなり結びつけることはできないが、ことをはっきりさせるために、ひとつの対照としてあえて上述した日本の「猿婿入り」での、末娘のせりふを思いだしてみたい。「そりゃあ、猿の女房にわしが行ったげるけえ。わしが思うようなものを買うてやんさりゃあ、そりゃあ行きましょう」。この日本の娘も、「そんなに悪いことにはならないわ」と思っていたにちがいない。しかしその「ならない」わけは、自分にひとつの計略があったからだということがわかるのはあとのことである。はんどうと鏡を望んだのはそのためであった。

フランスのこの商人の娘が、「そんなに悪いことにはならないわ」と思ったのは、すぐあとで彼女自身がことばをつづけたように、「それはとても不幸な人」なのかも知れないと思ったからだし、なぜかはわからないが、「あたしが助けてあげられるかもしれない」と思ったからなのである。その城の中の声が、じつは自分の力で救ってあげられるような不幸な人の声だということを、この娘は知っているらしい。未来を見透しているという点では、フランスのこの娘も日本の娘も、父よりすぐれているのである。

行ってみると城は娘への歓迎のプラカードでみちている。ひと気のない城ではあるが、娘歓迎一色で、ふくらんだ風船玉のように、針がふれただけで事態が一変する用意ができているのがわかる。

九日めにみにくいひきがえるが入ってきて、「ぼくと結婚してくれるかい？」ときく。娘の返事は「まあ、みにくい動物ね。あんたとなんか結婚するわけがないじゃないの」というもので、このときだけ、拒否的姿勢をみせる。みにくい姿のあまりにそう言ったのだが、ひきがえるが次の九日めに現われないと、娘はたまらなくなって捜しに出かけ、その悲しげに泣く声を聞くと、たちどころに同情して結婚の同意をしてしまう。それは娘のやさしさを示すのであろう。自分の言ったことがひきがえるをふしあわせにしたと知って、「それであんたをしあわせにしてあげられるんだったら、そのままのあんたと結婚するわ」と言う。ここでは娘のやさしい心、ひきがえるへの同情をもつやさしい心が強調されている。

そのことばが言われると大地が震えて、ひきがえるは美しい若者に変身する。なぜひきがえるであったかが、本人の口から説明され、娘のいまのことばで救われたのだといって感謝される。ここで三つのことがわかる。ひきがえるがじつは王子であったこと、そして王子からひきがえるへの変身は、魔女の魔法によること、王子の魔法からの解放は、娘がひきがえるとの結婚を決意しその決意を表明したことによって起きたこと、である。

「猿婿入り」と比べると

これからよその民族の話を読んでいくうえにたいせつな点をはっきりさせるために、また日本の「猿婿入り」の終結部との相違点をはっきりさせておこう。

フランスの「ばら」では、ひきがえるはじつは動物ではなく人間だった。魔法をかけられてかえるの姿を強いられていた人間、いわば救済を求めている存在だった。したがって動物の求婚と思われた一連のストーリーは、じつは動物の自己救済策だったのである。人間の側では知らないで行動してきたが、動物の側からするとこのすじの発展は、自己を魔法から解放する手続きである。その手続き上必要なことをこの娘が全部果たしてくれたということだ。それが必要な手続きであることを知っていたのは動物だけである。そして動物であった人間は、娘によって手続きを完了し、本来の人間となって娘と結婚する。

日本の「猿婿入り」では、もうくり返すまでもないが、猿は最後まで動物としての猿であり、娘は結婚を承諾したものの、嫁入り道具のようにして持ってきたはんどうと鏡で猿を殺している。父に言われて猿との結婚を承諾して以来の末娘の言動は、猿を殺すための手続きであったと言わざるをえない。ここでは、手続きであるとは知らずに、言われるままの行動をして、相手の手続きの完結を助けたのは当の猿であった。その完結とは、完結を助けた猿の死を意味していたのである。

そこには人間と猿の、譲ることのできない存在をかけた闘いがある。猿はじつは人間だったのです、などと言ってはおられない、もっと直接的な関係がある。「ばら」や「美女と野獣」のように、魔法という便利な方法を交えて文芸としてその意外性を楽しむということを知らない。ここにある意外性は、娘が猿の求婚からのがれるところに発揮されている。文芸としての意外性のひそむところが別なのである。

これで日本と、その対極にあると思われるフランスの場合の検討が終わった。ことわっておくが、いまここでは伝播《でんぱ》論をしているのではないので、この遠く離れたふたつの話がどうやって成立したか、どのような伝播関係にあるかは問うていない。さきに述べたように、現にそれぞれの国のなかで伝承されている話には、それを伝承してきたその民衆の考え方や文芸的好みやらがしみ込んでいるはずなので、それをあきらかにしたいと考えているのである。

アジアの例をみたいが、インドネシアの話には冒頭に、「なにかの代償として」娘を求めるという部分が欠けているので、これは参考としてあとにまわし、インド北部からパキスタンにまたがるパンジャブ地方の話をみよう。

「わにとお百姓の娘(6)」

美しいひとり娘をもったお百姓が、あらゆる求婚者を断わって王子の求婚を待っている。畑の様子を見に川のほとりへ行くと、穀物が踏みにじられていて、まんなかに大きなわにが眠っている。男が追い払おうとしても勝ち目がないので、村びとたちの加勢《かせい》をえて包囲する。しまいにわにがおこり、「静かにさせておいてくれなければ、みんないっぺんにのみこんでしまうぞ」と言う。それでも村びとが襲いかかると川がごうごうと鳴り、高波が押しよせてきて、村びとたちを全員さらう。畑の持ち主だけ助かる。そして「お望みのものはなんでもさしあげます。穀物は全部さし出しますから、どうか腹いっぱい食べてください。でもわたしはぶじに帰らせてください」と言うと、わにはこう答える。「いのちを助けてやるかわりに、おまえの娘をよこせ」。

男はやむなく承知して帰宅する。そうしてその約束のために不安になり、妻に、娘を百姓の若者と結婚させれば、こんなことはすぐ忘れてしまうと言う。すぐに村の若者と結婚させるが花婿はその夜のうちに死ぬ。二度めの結婚相手も数日で死ぬ。娘の母が心配になり、夫を川へ行かせる。川の水が両側にわかれてわにがあがってきて、娘を連れてきたかと問う。男がほんとうに連れてこなくてはいけないのかときくと、わには「おまえが約束した代償じゃないか」と言って迫る。父はやむなく日暮れ前に娘を川へ連れていく。岸にわにが待っている。娘は「この冷たい川の中で、あたしは若い命を終えなければならないのね。ああ、お父さん、助けてちょうだい」と泣くが、わには娘をつかまえて川の中へ消えていく。

数ヵ月後、父はわにが川の中へ消える前に、「娘に会いたいときはいつでもこれを川の中へ投げこめばいい」と言ってくれた杖のことを思いだし、それを川のまんなかに投げ込む。すると川の水がひいて幅広い豪華な階段が現われる。おりていくと城があり、娘は黄金の魚で造った王冠を頭にのせて現われ、「夫は権力があって心のやさしい支配者なの」と言う。やがて川の王が現われる。父は「ふしょうぶしょう娘をさしあげたことをお許しください。でもわたしは、あなたが怪物でないことを知らなかったのです」と言う。そして父は川の王に招かれて、妻ともども川の国でしあわせに暮らす。

（パンジャブ〈一九六八年採録〉）

お父さん、助けてちょうだい

さて、冒頭で川の近くの畑をわにが荒らして寝ているというモティーフは、わにが水と畑を支配しているという点で、日本の「蛇婿入り」および「猿婿入り」の「水乞い型」における蛇、または猿に近いものと思われる。男はそのわにを追い払おうとして、逆に命乞いをする立場になってしまう。命乞いの交換条件が娘をよこすことである。このとき父親は、わにが人間以上の力をもっていることを思い知らされたあげく、娘をよこせという要求に応じてしまうのである。日本の「猿婿入り」とは異なる。そこでは猿は村びとをのみ込んでしまうような存在ではない。

父はそれを約束するが不安になって、娘を若者に嫁がせてしまう。日本の「猿婿入り」でいえば、不安になって朝起きていかない場面にあたる。しかし新郎は二度とも死んでしまい、父にはもう逃げる術はない。わにも「おまえが約束した代償じゃないか」ときびしい。やむなく父が娘を川へ連れていくと、娘は泣く。川の中で死ぬのだと思い、「お父さん、助けてちょうだい」と訴える。それもなんの役にも立たず、わにに川の中へ連れ去られる。

ここはいままでみた日本の「猿婿入り」ともフランスの「ばら」とも異なる。このパンジャブの娘は、日本の娘のように「思うもの」を求めもしないし、ロレーヌの娘のように「そんなに悪いことにはならないわ」とも言わないし、いわんや「あたしが助けてあげられるかもしれないわ」などと言う余裕はない。未来を予感する力のもちあわせはない。ただ一途《いちず》に、「この冷たい川の中で、あたしは若い命を終えなければならないのね」と言って泣き、父に救いを求めるのである。パンジャブのこの話には、ここまでのところ解決を暗示するものはなにひとつない。解決を暗示するものがもっとも早くから出てくるのはフランスの「ばら」だが、それとはまったく異なる語り方をしている。

水の王としてのわに

意外性は、父が杖を川へ投げたときから始まる。貝殻とさんごが敷きつめられた階段、大理石やダイアモンドでできた家々、そして黄金でできた人間たちとお城。娘は王冠を頭にのせた王妃として現われる。やがて川の王も現われ、父はあのわにが川の王であったことを知る。

われわれの問題からみると、あのわには自然の動物としてのわにではなかった。そこまでいえば、フランスの「ばら」の場合や、「美女と野獣」に近い。しかし、それは魔法をかけられた姿ではない。その意味で「ばら」や「美女と野獣」とは根本的に異なる。ではこのわには何だったのか。それは川の王、つまり畏《おそ》れられるべきもの、水を支配するものだったのである。「救済を求めてやまぬ存在」としてのわにではなく、「水を支配するもの」としてのわにだったのである。「怪物でないことを知らなかった」から、心を痛めたのだが、いまやそれが川の王であることがわかったのだから、安心してよい。この関係は日本でいえば、むしろ『古事記』の「三輪山伝説」の最後の記述に近い。

毎夜、活玉依毘売《いくたまよりびめ》のもとに形姿威儀たぐいなき若者が訪れて来、やがて毘売が身ごもるので父母があやしんでわけをきき、娘に、糸巻きに巻いた麻糸をその男の衣の裾に刺すように言う。翌日見るとその糸は戸の鉤穴から外へ出ているので、「糸の従《まにま》に尋ね行けば、美和《みわ》山に至りて神の社に留まりき。故、其の神の子とは知りぬ」。

ところでこのパンジャブの話、「わにとお百姓の娘」は、口伝えの文芸として大きな弱点をもっているように思う。あるいは弱点とはいわないまでも、これまでの話とはたいへん異なるところがある。それは、わにが川の王であることを知って驚くのが父のみであって、娘自身がそのことをいつ、いかにして知ったかという、その現場のことを語っていない点である。娘はそれを知ったとき驚いたはずだが、それが語られていない。あるいは驚かなかったにしても、それを知ったときの現場が語られていないのは残念である。つまり、どんでん返しの体験が父についてのみ語られているという点である。

もうひとつ定かでないことは、「川の王」として現われたとき、それはいかなる姿であったかという点である。人間と同じような王の姿なのか、わにの姿のままの王なのか。父親の「でもわたしは、あなたが怪物でないことを知らなかったのです」ということばは、いま目の前に現われたのもわにの姿ではあるが、それが単なる怪物でなかった、ということを知って発しているようにもとれるし、いまは人間の王のような姿をしているので、あのとき怪物だとばかり思っていましたと、申し開きをしているともとれる。パンジャブの他の類話が手に入れば、どちらであるかの推測がつくだろうが、この類話からだけでは両様にとれる。この点があきらかにされればそれに越したことはないが、われわれの主題からみて大切なことは、すでにあきらかである。それは、はじめ単なる動物だと思っていたわにが、じつは川の王だったということである。

つまり、畏敬されるべき存在だったということである。その意味では、フランスに代表されるヨーロッパの異類婚で、じつは王子だったというのと近い。ところがわにであったということは、ヨーロッパの場合のように、魔法で呪われた結果の姿なのではなく、わにがすなわち川の王なのである。この点は上述のごとく、『古事記』などの示す動物の性格に近いのである。

つぎに北アフリカのカビール人の伝える「ろば頭のムハメッド」をみよう。カビール人というのは、ベルベル族の一種族で、エジプト国境から大西洋にいたる、アフリカ北部に住んでいた。本来農耕民だが、七世紀および十一世紀にアラブ人の侵入を受け、山地に逃れ、今日ではモロッコ、アルジェリアの山地に住んでいる。今日ではとくに、ジュルジュラ山塊に住むベルベル族をカビールとよぶ。この話はかなり長いので、われわれの主題にかかわる部分を主にして要約する。

「ろば頭のムハメッド[7]」

部族の首長アゲッリドが祭りの市へでかけるとき、三人の息子とひとり娘に、おみやげの希望をきいていく。息子のためのみやげはそろえられたが、娘の希望である、縫ってなくてひとりでに踊るズボンは手に入れられずに帰る。娘は悲しんで病気になる。父はあらゆる人に踊るズボンをきいて廻るが、最後にひとりのお婆さんが、そのズボンをもっているのはウーアルセンだけだと言う。父が歩きに歩いてウーアルセンのところへ行き、縫ってなくてひとりでに踊るズボンを所望すると、ウーアルセンは「その娘をわしの妻にくれるならば、ズボンをやってもいいがね」と言う。

父は「どうしてもそうしなければならないのなら、とにかくそのズボンをください、娘を妻としてさしあげますから」と答え、いつ娘を迎えに行こうかという問いには、「雪と雨が降り、風が吹いて雷が鳴り、稲光りのする日に来てください」と言う。父がズボンを受け取ってもち帰ると「娘は感謝して元気になった」。雪が降り、雨が降り、雷が鳴って稲光りがする日に、「とてつもなく大きな男」が戸をたたく。母が贈り物をさしだすが、ウーアルセンは、「贈り物は欲しくない。娘が欲しいのだ」と言い、父に対しても同じことを言う。「父親は美しい娘を呼んで言った。『ご覧のとおり、その日が来たよ。さあ、したくをして。望みがあったら言ってごらん』。娘は荷物をまとめて出てきた。ウーアルセンは女の子の腕をつかんで、自分の肩にかつぎ、帰っていった。ウーアルセンは、女の子を自分の家に連れていった」。

女の子の三人の弟たちは成人してから姉のことを聞くと、姉のところめざして出かける。途中で羊飼い、牛飼い、にわとり飼いに出会い、雄羊、雄牛、おんどりをもち上げて自分たちを負かすことができればウーアルセンを負かすことができると言われる。果樹園では黒人女から、メロンを全部食べて、皮袋の水を飲みほせばウーアルセンに勝てると言われる。いずれもうまくいかず、ウーアルセンのところへは行かないほうがよいと言われる。それにもかかわらず三人兄弟はウーアルセンのところへ行き、食べ競争のあと井戸に突っ込まれる。三人息子が帰ってこないので父母は嘆き、捜しに出かける。ろばの小便を母が飲むと、母は身重になり、帰宅してろば頭をした男子を生む。父はこの息子を家畜小屋の中二階に住まわせるが、大食で困る。父の馬を乗りつぶす。

ろば頭のムハメッドは、ふとしたことで老婆の口から姉と兄たちのことを知って捜しに出、羊飼い、牛飼い、にわとり飼い、果樹園の黒人女の言う試練を経てウーアルセンの家に着く。ウーアルセンと食べ競争をし、戦いをして首をはねる。姉と兄たちを連れ、ウーアルセンの宝物をもって帰宅する。しかしこの土地は自分を養うことはできないと言って去る。途中、下唇で川をせきとめる男、大きな耳をもった男、ひげの中に羊の群れを飼っている男に会い、家来として連れていく。森の中で森の支配者の住家に住みつく。ひとりずつ順に留守番をしているとひげ男が来て、用意している料理を食べてしまう。ムハメッドの番のときに、はじめて森の怪物ルアクシュを捕え、格闘の末、その頭とひげをそり落とす。ムハメッドは翌日、三人の連れとも別れて旅に出る。（カビール族）

人喰い巨人と知りつつ約束する

カビールのこの話のすじは、これまでみてきたものとだいぶ異なる。しかし発端の関係が同じなので、人間とウーアルセンとの基本的関係は同じものと考えてよいだろう。そこに重点をおいて考えてみよう。

なによりまず、父が出かけるに際して子どもたちにみやげの希望をたずね、そのうち、娘の希望だけがみたせないという冒頭の設定が、先にあげたフランスの「ばら」、そして要約は省略したが「美女と野獣」のその部分と同じであることに気づく。異なる点は、「ばら」の場合には、偶然にみやげの品であるばらを見つけた父がそれを折ると、声がしてそれを責め、帰宅したとき最初にとびついてきたものをよこせと要求されるのであるが、ここでは空しく帰宅した父が娘の嘆きぶりを見て、ひとに尋ねて、それがウーアルセンのもとにあることを知って、決心してそこへ行くのである。そしてウーアルセンに、ズボンと交換にその娘をよこせと言われると、「とにかく」そのズボンをもらって娘を与える約束をしてしまう。

娘を与えてしまうくらいならばズボンを手に入れてみやげとしても意味がない、というのは現実世界の考え方であり、昔話にあっては、課題はそれ自体の解決が重要なのであって、先のことを考えて途中で課題の解決をあきらめるということは決してしない。それはちょうど、昔話ではタブーは破られるためにある、という法則と同じくらい明確な法則である。

父が相手に娘を与える約束をしたとき、父は相手が誰であるかを当然知っている。それは自然の動物でもなく、神かも知れない存在でもなく、ウーアルセン、すなわち人食いの巨人または怪物とよばれているものなのである。それなのに父は決意をかえず、娘を与える約束をしている。わずかに抵抗らしきことは、「雪と雨が降り、風が吹いて雷が鳴り、稲光りのする日に来てください」と言って、迎えの日を指定するくだりだけである。およそ迎えに来るにしては困難な日を指定している。

父親はズボンをもって帰り、娘に「ほらズボンだよ。だけどお前はウーアルセンと結婚しなくてはならないよ」と言う。いとも簡単に言っているようにみえる。そして娘のほうでも「感謝して元気になった」といわれている。自分が申し述べたみやげの希望のゆえに、怪物ウーアルセンと結婚しなければならなくなったことについて、この娘はなにも感情を動かしていないのだろうか。語り手は娘がみやげをもってきてくれた父に感謝し、元気になったことだけを述べている。

嵐の日に「とてつもなく大きな男」が戸をたたく。父母が贈り物をしようとしても受けず、「娘が欲しいのだ」と言う。「父親は美しい娘を呼んで言った。『ご覧のとおり、その日が来たよ。さあ、したくをして。望みがあったら言ってごらん』。娘は荷物をまとめて出てきた」。

父親も娘をこの怪物に与えることで絶望的になっている様子はないし、娘も泣きわめいてはいない。日本の娘が父に言ったような、「思うもの」も表明していない、父はそれを促しているのに。日本の娘の意味でも、フランスの娘の意味でも、このカビールの娘は未来を予見していない。ここまでを読む限りではウーアルセンといってもたいして恐ろしい怪物ではなく、そんなに悲しむべきことではないのかもしれない、と思いそうである。しかし三人の弟たちが姉を救い出しにいくくだりを読み、最後にムハメッドが救い出しにいくくだりを読むと、ウーアルセンというものがたいへんな怪物であることがわかる。

娘が未来を予見していないことは、じつはこの昔話の、その後のすじの展開と関係がある。話はここから、奪われた娘を奪還する話になっていくので、奪還のための苦難と、娘を捕えている者との戦いに重点が移っている。そこでは、奪われた娘は救出される目標になるだけであって、ほとんど積極的行動を必要としていない。

奪還ははじめ三人の弟によって試みられるが失敗に終わり、つぎにろば頭のムハメッドによって成功する。怪物は怪物として首を切り落とされる。ここには変身もないし、怪物の本性がなにか別のものであったということもない。怪物だから退治されるべき存在だったのである。

「猿婿入り」と比べてみると

ここにいたって日本の「猿婿入り」と、このカビールの話との共通点と相違点とが、はっきりしてきた。

日本の「猿婿入り」の猿は、呪いをかけられた王子でもなく、水の王としての動物でもなく、自然のなかの動物として把握されている。猿として男に娘を要求し、猿として迎えに来て、猿として殺されていく。外観と本質とのあいだに、魔法の操作によるくいちがいはない。それらの意味でカビールのウーアルセンと共通である。ウーアルセンはウーアルセンとして父親に娘を要求し、娘を迎えて連れていき、ウーアルセンとして殺されていく。外観と本質とのあいだに、魔法によるくいちがいがない。

こう考えてくる一方では、すでに相違点が浮かび上がってきている。それはふたつのことについていえる。ひとつは、日本の場合は猿というふつうの動物の話であり、カビールのこの場合はウーアルセンという人食い巨人、一種の怪物であるという点である。もうひとつは、そのことと関連して、後半のすじの展開がちがってきている、という点である。つまり、「猿」は娘自身によって「簡単に」橋の上から落とされているが、カビールの「怪物」は三人の弟によっては退治されず、ろば頭のムハメッドという英雄によってはじめて退治された、ということである。

ふたつの相違点

まず第一の相違点について。日本の「猿婿入り」の猿が本来的には田の神であったろうという日本民俗学の成果のことはすでに述べた。しかし、昔話としてみる限り、それはふつうの、自然の猿として語られているということもすでに述べた。そうした猿への娘たちの拒否も、動物である猿との結婚など考えただけでも気持ち悪いという、ごく日常的、感覚的拒否であることもすでに述べた。そういう猿だからこそ、末娘は「はんどう」と「鏡」によって水死させることができたのである。類話によっては「長いわらじ」をはかせ、それを踏んで川に落とす。

ところがカビールのこの話では、はじめからウーアルセンという人食い巨人なのである。娘は人間ではないという意味で異類ではあっても、猿とは比較にならず恐ろしい存在である。娘はウーアルセンについて行くのが精いっぱいで、とても未来を考え、計略をめぐらすことなどはできなかったろう。

そういう恐ろしい怪物に嫁にやる話と、ありきたりの猿に嫁にやる話を同じに論じてよいのか、という疑問がありうるだろう。ところが、わたしがわざわざこの点を相違点としてあげつらうのは、そこがひとつの焦点と思われるからである。

問題を少々先取りして論じてみよう。カビールのこの話で、人間より圧倒的に強い者としてのウーアルセンの要求だから応じないわけにいかなかった「娘を嫁にやる」ということが、日本の「猿婿入り」では、ごくありきたりの動物としての猿に対して、娘を与えているということなのである。フランスの「ばら」では動物と思われていたものがじつは王子だった。パンジャブの話ではふつうのわにだと思われていたものが、じつは川の王としてのわにだった。そしてカビールでも娘を要求するのはウーアルセンである。まとめて言えば、いずれもある崇高なもの、人間のなかで力の強いもの、あるいは人間より力の強いものである。ところが日本の「猿婿入り」の昔話に現われる猿はふつうの猿である。

このことは、昔話の世界のおとぎ話性を形成するものがなにか、という問題として興味がもたれるのである。これはこの章の主題であるから、のちにもう一度たちもどるが、ここで簡単に言っておけば、日本の昔話のおとぎ話性は、現実に近いところに成立しているのではないか、ということなのである。異類との結婚を成りたたせるために、特別に魔法という概念を使って操作する必要もないし、川の王であるという必要もない。怪物という必要もない。山から出てきた猿でじゅうぶんなのである。だがこの問題は、もっとひろく材料をみてから、またたちもどることにしよう。

第二の相違点について。それは第一の相違点と深くかかわっていることなのだが、日本の「猿婿入り」ではそのように自然の猿なので、末娘自身の知恵で、誰の手も借りずに川へ落とすことができる。それで話はそこまでで終わることができる。「猿婿入り」という話型のうち、われわれが「嫁入り型」とよんでいる群のもの、つまり、嫁入りの途中で娘が猿を川へ落としてしまう話では、娘は嬉々として父の家へもどり、父たちも喜び、その意味での「ハッピーエンド」になる。「里帰り型」とよんでいる群のもの、つまり前述の如く里帰り途中で桜の花を見つけて、猿に臼をかつがせたまま桜の木に登らせて、「もっと上」、「もっと上」と指示して、ついに枝が折れて猿が川に落ちる話では、いったん猿の嫁になった娘としては、そのまま喜んで実家へ帰ることができず、遠くへ歩いていって奉公に出る。

そこで「火焚き娘」というエピソードと接続している。つまり、大家に火焚き娘として汚い姿で奉公するが、なにかのきっかけで大家の息子が娘の真の姿を知って恋におち、娘たちはお茶を順番に出させられて、そこで火焚き娘の美しさがわかり、娘は嫁となってハッピーエンドとなる。たしかにこれは娘が猿を川へ落として以後のすじの展開だが、猿とは無関係である。

カビールの話では、すでに述べたように、ウーアルセンにつれていかれた娘――それはウーアルセンの妻とされているようにみえる――を救出する冒険譚となっているのである。相手が人間の力よりはるかに強い怪物であってみれば、このように三人の弟たちによる救出の試みと失敗、そして超人的力をもったろば頭のムハメッドによる救出の成功という話に移行するのが、むしろ自然な流れであろう。救出のための冒険譚は、むしろその救出者である主人公が、いかに超人的であるかという大力話、あるいは誇張譚といっていいほどの話になっている。超人的主人公の並はずれた強さ自体が話の興味の中心に立っている。

日本では妻を鬼に奪われた男が妻救出にいき、危険をおかして救出する話が「妻奪還」あるいは「美女奪還」という名でよばれて独立に伝えられている。(8) そこでは女がいかなるいきさつで鬼に奪われていったかは問題にされていない。人間よりはるかに強い鬼に捕えられている妻を、人間である夫がいかにして救出するか——それは夫の知恵と妻の知恵によるのだが——に興味がそそがれている。カビールのこの話は、「猿婿入り」を導入とし「妻奪還」を後半部にしたような話である。わたしが第二の相違点としてあげたことからは、つぎのことがわかるのである。話の骨組みにしてしまえば同じにみえるものでも、その肉づけが異なると、すじの展開そのものがちがってくることがある、ということである。人間でないものに女が奪われる、という骨組みにしてしまえば「猿婿入り」も「ウーアルセン」の話の前半も同じなのだが、奪う者が「猿」であり「ウーアルセン」であることによって、つまり「人間以外のもの」を「猿」あるいは「ウーアルセン」と具体化することによって、その先のすじの展開が異なってくるということである。

冒頭で親がおちいる困難な状況として、ぬかるみに入ってしまったという語り方がある。それはハンガリーとマケドニアの話である。

「物言うぶどうの房、笑うりんご、ひびく桃(9)」

三人娘をもつ王が年の市に行くとき、娘たちにみやげの希望をきく。長女は金の服、次女は銀の服を所望するが、三女は物言うぶどうの房と笑うりんご、それにひびく桃を所望する。父は年の市で姉たちの望みの品を見つけるが、一番かわいい末娘の望みの品は見つからない。浮かぬ顔をして帰ってくると、王の馬車がぬかるみにはまりこんでしまい、どうしても抜け出せない。そこへ雄豚が現われて、「おれにあんたの末娘をくれよ、そうすりゃ助けてやるぜ」と言う。王はぬかるみから脱け出したいばかりに、それを約束する。雄豚はあっさり馬車をぬかるみから押し出す。王はうちへ帰って姉ふたりには服を与えるが、末娘にはみやげを持ってこなかったし、「あのいやらしい化け物にその娘を奥さんにやると約束までしてしまったんで、いまはいよいよ胸がつぶれる思いだった」。

まもなく雄豚が御殿の中庭に手押し車をもって現われ、「来たぞ、お前さんの娘をもらいにさ」と叫ぶ。「王さまはびっくり仰天《ぎょうてん》した。娘をやらないですむように、はした女に金のししゅうをした豪華な服を着せて、下にやった」。すると雄豚は「これはお前の娘じゃないぞ」と言う。王はとてもだませないことを知って、汚い服を着せて約束どおりに娘をやる。豚の気にくわないだろうという期待をこめて。豚は娘を「うれしそうに鳴きながら、手押し車に持ち上げた。こうなっては父親は、軽はずみに約束なんかして、いとしい娘をこんな悲しい目に会わせたのが切なくてならなかった。豚はすすり泣く娘を乗せて行ってしまった」。

豚は遠い道のりを行って、みすぼらしい板小屋の前でとまり、「お前のこれからのすみかだ」と言う。「娘は涙ながらに言われるとおりにした」。雄豚は飼い葉《かば》おけにとうもろこしを入れてくれたり、わらで寝床を作ってくれたりする。「悲しい娘は目がさえて、いつまでも寝つけなかったが、胸が張り裂ける思いで嘆き悲しんでいるうちに、くたくたに疲れきって、しまいに、とうとうぐっすり寝こんだ。眠っているうちにいよいよぐっすり寝こんで、あくる日のお昼ごろになってからやっと目がさめた。あたりを見回して、目をまるくした。というのも、この世のものとも思えないきれいな御殿の、白い絹の寝床の上に自分がいたからだ。寝床には金糸のふさがついた、深紅の天蓋《てんがい》がかかっていた」。そして腰元《こしもと》が現われ、きらびやかな服を着せてくれる。

やがて娘はまばゆいばかりの広間に通されるが、そこには若者が待っていて、「お前が望む夫はこの私だ」と言う。朝食のあと、娘が若者に連れられて庭へ行くと、そこには娘が父に対して所望した、物言うぶどうの房と笑うりんごと、ひびく桃がなっている。そしてその若者が言う。「私は一国のあるじだったが、のろわれて雄豚にされたのだ。どこかの娘が物言うぶどうの房、笑うりんご、ひびく桃を望んでくれないうちは、私はこの状態から助からない定めだったのだ。その娘というのがお前で、お前のおかげで私はこうして助かったのだ」。娘は美しい若者と、王家らしいあたりのきらびやかさとにすっかり心を奪われて若者と結婚する。

（ハンガリー）

のろわれた姿としての豚

すぐに気づくことは、父が子どもたちにみやげの希望をきいてでかけるというモティーフが、フランスの「美女と野獣」や、ロレーヌ地方の「ばら」、アフリカのカビール族の「ろば頭のムハメッド」と同じであるということだ。ただフランスのふたつの話では、末娘の希望は特別に謙虚なものである。なんでもないばらである。それなのに、なんでもないと思われたそのばらが、じつはいちばん手に入れにくくて、そのために父親は正体不明の声に娘を与える約束をせざるをえない羽目《はめ》におちいる。それに対してハンガリーの娘の希望は、「物言うぶどうの房、笑うりんご、ひびく桃」という不思議なものばかりで、いかにも魔法的に思われる。その意味でむしろカビールの「ろば頭のムハメッド」の縫い目のない、ひとりでに踊るズボンと同じ性質である。

末娘の希望の品だけは手に入れられなくて帰ってくると、ぬかるみにはまり、雄豚に助けてもらう交換条件として、末娘を与える約束をさせられる。ここでは、フランスやカビールの場合のように、末娘の希望の品との交換条件として当の娘を与えるのではなく、親自身の身を救い出すために約束してしまうのであって、その点はパンジャブの話と近い。

ここでは娘の希望の品のことは消えてしまっている。それはただ父が残念に思うためだけのものかと思われる。ところが最後になって、豚が王として現われ、その果樹園に連れていってくれたとき、そこにこの三つの希望の品がなっているのである。このことは順を追っていってその場でもう一度ふれてみよう。

父は胸がつぶれる思いでいる。しかし当の娘がどんな気持ちでいたのか、語られていない。豚が豚の姿で御殿の中庭に現われる。父が娘の身代わりを出してもすぐに見破って、ほんものの娘を要求する。

動物がその姿のまま娘を迎えにきて連れ去る、というモティーフとしてみれば、この部分は日本の「猿婿入り」のモティーフと同じものにみえる。しかしこの場面は「猿婿入り」とはかなりちがった印象を与える。どこがちがうのだろうか。

おとぎ話性のつくり方

ひとつには、豚が「御殿の中庭に手押し車をもって現われ」たことにある。豚と御殿との対比、そして手押し車を押している姿、それが「猿婿入り」の農村風景のなかでの猿の登場とちがった印象を与えるのは当然である。動物が人間のことばをしゃべっていることは共通である。そしてそのことは昔話にあっては、すこしも奇跡的なことではない。それは当然のことなのである。すでに述べたごとく、この当然さは世界のどの民族の昔話にも妥当する。これはむしろ、マックス・リュティのいう「一次元性」の発露であるから、ここで問題にする必要はない。

注目するのは、御殿の中に豚を置くという、現実にはありえないような場面をわざわざここでつくっている、という点である。豚はこの段階ではまだ、自然の豚として把握されているかのようで、その点についてなんの説明もなされていないが、御殿の中庭で手押し車を押す豚という場面を語ることによって、おとぎ話性を強調しているように思う。ありえないような場面を見せることで、おとぎ話性を構築していると考えられる。こう語られると、この豚は自然のあの豚ではないかもしれない、という気を起こす。ひるがえって日本の「猿婿入り」をみれば、そこでは猿が人間のことばを話す以外は、まったく農村のふつうの風景のなかでの登場なのである。日本の語り手は、ここでありえないような形での動物の登場をつくることによって、おとぎ話性を構築することをしていない。

もちろん猿が嫁迎えにくることはありえないことなのだが、それはこの話が成立する大前提であって、そのこと自体が話材なのである。わたしがくり返し論じているのは、この大前提のうえに出てくる動物がいかなるものとして語られているか、という問題なのである。昔話はそもそもなんらかの前提にたってその世界を展開している。聞き手や読者が昔話に求めているのも、改めていえば、なんらかの前提に立った世界なのであって、前提をすべてとっぱらった、現実そのものの世界ではない。わたしがこの章で論じているのは、昔話という世界のなかで、言いかえればひとつの前提のうえに立った世界のなかで、日本人は、フランス人は、カビール人は、パンジャブ人は、ハンガリー人は人間の結婚相手としての動物をどう把握しているか、という問題なのである。

ちがう印象を与えるもうひとつは、父の約束によって豚の嫁にいかなくてはならない娘がすこしも語られていないことである。父が「ぼろぼろの汚ならしい服を着せてやった」のであって、娘が父になんと言ったのか、すこしも語られていない。「豚はすすり泣く娘を乗せて行ってしまった」と語るだけである。この娘は日本の娘とも、フランスの娘ともちがって、自分の身の未来を予見していない。それどころか主役は父なのである。

娘の心のうちが語られるのは、豚の板小屋に着いてからである。そこに着いてはじめて「胸が張り裂ける思いで嘆き悲しん」だと語られている。ところが目がさめてみると自分は御殿に眠っていたことに気づく。そしてやがて広間に案内されて、「そこではひとりの若者が、人を引きつけずにおかない優しさで迎えてくれた」。そして果樹園に連れていかれると、そこに自分が所望《しょもう》した三つの品があるのである。

この話は、末娘が所望したものが、じつに、この豚と思われたものの庭にあったことを、おとぎ話として語ろうとしているようである。それが証拠には、豚が王に変身した場面を語らず、かえって、果樹園で「りんごはりんごで笑いかけ、桃は桃で世にも美しい銀の音色をひびかせた」と具体的に語っているのである。

若者自身が娘に向かって、「私は一国のあるじだったが、のろわれて雄豚にされたのだ」と言って、いきさつを説明している。ここでも豚はのろわれた姿であったことが明言されている。しかも、救済の条件を本人が知っていたことがあきらかになる。「どこかの娘が物言うぶどうの房、笑うりんご、ひびく桃を望んでくれないうちは、私はこの状態から助からない定めだったのだ」。ストーリーをここまで知ると、娘が所望したものと、豚の救済の条件が一致していたことを知り、そこにおとぎ話性が感じられる。ここへ来てはじめて、父がぬかるみから救い出してもらうために、交換条件として娘を与えることを約束したとき、末娘の希望の品が消えてしまったことが、無意味でなかったことがわかる。そこにおとぎ話性を構築しているのだから。

この話の雄豚は、じつはのろわれた姿としての雄豚であった。その意味でこの話は日本の「猿婿入り」とは完全に異なる。しかし、救済の条件が、愛の告白ではなくて、物言うぶどうの房などを所望することであった点が、フランスの「ばら」や「美女と野獣」とも異なるのである。

さて、動物があることの代償として親に娘を要求するという発端部としてはこのグループに属しながら、嫁としてではないという点で、すこしずれている例がマケドニアにある。嫁としてではないが、動物との関係という観点から、われわれ日本人にはたいへん興味深い話なのでとりあげることにする。

「テンテリナとおおかみ(10)」

ひとり息子のある母親が身重になる。ある日、森に薪を取りにいき、薪を背負ったままころんで沼地にはまりこみ、どうしても抜け出せない。そこへおおかみが通りかかったので、母は助けを求める。おおかみは、「お前のおなかのものが男の子なら、お前のもんでいい。しかし女の子だったら、おれのもんにするんだ」と言う。女は悲しむが、沼から抜け出すにはほかに方法がないので、「じゃ、いいわ、女の子だったら、あんたにあげるわ」と答える。するとおおかみがすぐに助け出してくれたので、女は薪を背負って家へ帰る。やがて娘が生まれる。テンテリナと名づけられて育ち、外へ出て歩くようになる。母はおおかみとの約束を忘れている。

ある日おおかみがテンテリナのところへ来て、「かあさんがくれると約束したものを、おおかみがもらいたがってる」と、母に言うように命令する。一度めは娘が母に言い忘れ、二度めは母から、忘れたと答えろと言われて娘はおおかみに忘れたと答える。しかし三度めには逃れられなくなる。「母親はおおかみが——こうなれば——娘を食べちゃうと悟って、娘に何度もキスをした。……その子にりんごをやって言った、『もう一度おおかみに会ったら、言うんだよ。〝約束のものを取ってください！〟って』」。

娘は「母の言ったのが、自分をおおかみのものにしてもいいということだったとは知らずに」そのとおり、おおかみに答える。するとおおかみは、「そうか、そうならお前はいっしょに来るんだ」と言って、娘を山の中へ連れていき、高いポプラの上にあげる。それからというもの、おおかみは、「昼間のあいだはいつもぶらついてたところをぶらついた。

でも日が暮れるとポプラのところにもどってきて、娘のことを呼んだ、『テンテリナ、テンテリナ、テンテリナ！お前の髪の毛を下に垂らしてくれ、おれが上にあがっていけるように！』。テンテリナは長い髪の毛をしていた。それを下のおおかみはそれをつたってあがっていった」。

テンテリナの兄は、妹がおおかみに奪われたことを知って、妹を連れもどしにいくと言う。母は「もう食べられちゃってるよ。お前まで食べられたいのかい」と言って悲しむ。それでも兄は出かけていき、母に教えられた山の近くまで来るとひとりの婆に出会う。婆は娘がポプラの木の上にいること、おおかみが夕方になると娘の髪をおろさせて、それをつたって登ることを教えてくれる。そして兄といっしょに行き、木の下で、火にフライパンをさかさまにかける。するると娘が木の上からそれは違うと声をかける。婆は娘に、降りてきてフライパンのかけ方を教えてくれと言うが、娘は、「降りられるものなら降りるけど、でもまもなくおおかみが来るのよ、下にいるのを見たら、私はおおかみに八つ裂きにされてしまうわ」と言う。婆が兄のことを話すと娘は言う。「危ないわ、おばあさん。だっておおかみが来て、ふたりがそこにいるのが見つかったら、私も兄も食べられてしまうわ。そしたら、かあさんはどうなるの？　小さなおおかみの子どもたちが、おおかみにみんなしゃべるでしょうから、とても兄さんのところへは降りられないわ」。

するると婆さんが、ケーキを焼いておおかみの子たちにあげるといいと言うので、木の上の娘はそのとおりにするが、一匹の子どもおおかみだけはおおかみの長ぐつにもぐりこんでいる。テンテリナと兄は婆から教わったとおり、くし、粘土、石けんを持って逃げる。おおかみはたくさんの仲間を客によんで、テンテリナをごちそうするつもりだったが、ポプラの木のところへ来てみるとテンテリナはいない。長ぐつにかくれていた子どもからわけを聞き、仲間たちとともにあとを追う。テンテリナと兄は追いつかれそうになると粘土をうしろに投げる。するとそれは沼地になり、くしを投げるといばらのやぶ、石けんを投げると高い山になる。おおかみはそれらに妨げられて、あきらめて引き返す。そしてテンテリナをごちそうすると言ったおおかみは、仲間に八つ裂きにされる。兄と妹は家へ帰り、母とともに喜びあう。（マケドニア）

動物は最後まで動物

ぬかるみにおちいった親が、通りかかった動物に救出を願うというモティーフは、ハンガリーの「物言うぶどうの房、笑うりんご、ひびく桃」と同じである。ここには娘たちの希望の品という要素がないので、救出の交換条件として、子どもを要求されるということがすっきりしている。

おおかみはおなかのなかのものが、女の子ならよこせと言う。嫁としてよこせというのか、食いものとしてよこせというのか、はっきりしていない。語り手もその関係について、はっきりしたイメージをもっていないように思われる。つまり、娘を連れ去ってポプラの木の上にあげてからは、夕方になると木の下へ来て、「テンテリナ！　お前の髪の毛を下へ垂らしてくれ、おれが上にあがっていけるように！」と、声をかける。この場面はとても食いものとして捕えているとは思えない。恋人、あるいは妻として呼びかけていると考えるほうが、自然であろう。事実、グリム童話集一二番「ラプンツェル」では、塔の中に閉じこめた娘に向かって、その段階ではまだ親切な魔女がこう呼びかけてあがっていって食物を与え、やがてそれを見た王子が、同じようにしてあがっていって娘と恋におち、夫婦になる。

兄とお婆さんが救出に来てくれたとき、妹は木の上から、「小さなおおかみの子どもたちが、おおかみにみんなしゃべるでしょうから、とても兄さんのところへは降りられないわ」と言っている。そしてお婆さんの入れ知恵で子どもたちにケーキを焼いて食べさせて口封じをする。だが一匹の子どもだけは長ぐつの中にはいっていて、ケーキを食べず、その子どもがおおかみに娘の逃亡を話してきかせる。この「おおかみの子どもたち」は、いったい誰だろうか？　おおかみの母親のことにはひとこともふれられていないので、おおかみとこの娘とのあいだの子と考えるのが自然のように思う。ところがそのあとで、おおかみは仲間をよんでテンテリナをごちそうするつもりだったとある。すると、娘はやはり、最終的には食いものとして捕えられていたと考えるよりしかたがない。この動揺は語り手自身のイメージのあいまいさから出ていると思う。

そのあいまいさが、マケドニアの他の類話によって、はっきりさせられたら幸せだが、われわれの主題からすると、このままでもひとつの考察を加えることができる。はっきりしていることは、この話でのおおかみは、最後までおおかみであるということである。おおかみとして母親をぬかるみから出してやり、遊んでいるテンテリナにもおおかみとして近づいてくる。そして最後に娘の逃亡がわかると、おおかみとして仲間と共に追いかける。

ここで物をうしろに投げて、障害物を作ってはそのあいだに逃げるという、魔法的逃走のモティーフ（日本の昔話では「三枚のお札」として知られているし、『古事記』でもイザナギノミコトが黄泉《よみ》の国から逃げ帰るときに、クロミカツラと櫛をうしろに投げる）と結合している。結局兄と妹は逃げおおせる。おおかみが殺されるのは、おおかみの仲間によってである。兄妹の手によるのではない。この部分がこれまでにみた話ともっとも異なるところであろう。

動物が最後まで動物であるという意味では、日本の「猿婿入り」と近いところにあるが、娘は母によっておおかみに引き渡されるとき、なにも言えず、いわんや未来を予見することもない。救出は日本の場合のように、自力ではなく、兄が婆の助力をえておこなったことである。しかも自分たちの手でおおかみを倒したわけではない。

妻としてであれ、食いものとしてであれ、娘はおおかみに束縛《そくばく》されていたのだが、このおおかみは、ポプラの木の上にいる娘に向かって髪の毛を垂らすよう呼びかけ、それをつたってのぼっていくというモティーフに組み込まれることによって、野生のおおかみから多少おとぎ話のおおかみになっている。しかしそれは、宮殿の中の豚やひきがえるほど様式化された動物ではない。娘を捕えておくのは木の上であったり、最後には、仲間に八つ裂きにされるなどの要素があるからである。ヨーロッパの様式化のすすんだ異類婚の話とは異なる動物像を示しているというべきであろう。

最後に、親があることの代償として娘を与える約束をしたのではないが、それ以外の部分からみてこのグループにいれられると思われる、インドネシアの話をとりあげよう。

「リンキタンとクソイ(11)」

九人の美しい娘をもつ漁師のところへ、ある日クスクスが客に来る。そのほんとうの目的は娘に求婚するためである。両親は自分だけで決めず、まず長女にその申し込みを伝える。長女は「なに？　クスクスが、あのいやらしいけだものがわたしに結婚を申し込んだのですって？　けがらわしいけだものの妻になるくらいなら、死んだほうがよっぽどましだわ。いやだいやだ、早く消え失せるように言って！」と言う。「娘は軽蔑するような態度でペッとつばを吐いた」。そして次女、三女から八番めの娘までみな同じ答えをする。末娘のリンキタンだけが、「あれはけだものだけれども、そのしきたりや習慣は良いし、隣人を愛しているから、わたしはクスクスの申し込みを受けようと思います」と答える。

「リンキタンはその申し込みを受け、クスクスと結婚した。それ以来、リンキタンとクスクスは仲の良い夫婦になった」。しかしリンキタンは、その結婚ゆえに姉たちや近所の人たちから中傷やののしり、さげすみを毎日うける。妻は夫が日中家にけっしていないので、どんな仕事をしているのか知らない。姉たちからは妻なのになぜ夫の仕事を知らないのかとばかにされる。それで妻はある朝、仕事に行く夫のあとをこっそりとつけていく。「クスクスは人目を忍んで、森のよく繁ったやぶに入っていった。……茂みまでやってくると、クスクスは毛皮を脱ぎ、それをやぶの中に隠した。リンキタンの夫がクスクスの毛皮を脱ぐと、彼は若い、とてもりっぱな男になった」。これを見て妻は驚き、かつ喜ぶが自制して叫び声は出さない。「その若者は茂みを離れ、さっそうと岸辺へ向かい、前もって用意しておいたらしいヨットに乗った。やがてヨットはすべり出し、ほかの漁師の一団の中に消えた」。

「人間に姿を変えるという夫の秘密を、リンキタンは胸にしまっておいた。……リンキタンは毎朝、夫が一匹のクスクスからひとりのとてもりっぱな若者に姿を変え、午後にはふたたびクスクスに姿を変えて家に帰ってくるのを見守った。クスクスの毛皮はもともとただの変装で、夫がそのりっぱさと勇敢さを隠すために使っているのだということが、リンキタンにはだんだんわかってきた。しかし、どうして夫がクスクスの毛皮で変装するのかはわからなかった。だが、夫がほんとうは人間なのだということにはっきりと気づいてから、リンキタンは、夫がクスクスにもどらずに、ずっと人間の姿でいられて、毎晩そのままの姿で家へ帰れる方法はないものかと考えた」。

ある朝、リンキタンはいつものように夫のあとをつけていって、姉やほかの人びとに、夫はいやなクスクスではないことを「見せてやりたいという望みと、夫への愛にかられて、思い切って」ひとつの計画を実行する決心をする。

「胸をドキドキさせながらリンキタンは、そのクスクスの毛皮をつかみ、そして隠した。昼下がりに……夫がりっぱな若者の姿で帰ってきたとき、リンキタンはやさしくほほえんで迎えた」。クスクスは予想していないことだったので驚き、「隠れようとして逃げ出したが間に合わなかった。リンキタンは夫の手をつかんで言った。『逃げ隠れすることはないのよ、カカンダ。そんなことをしてもだめよ』」。そして夫がなぜいまになってそんなことをするのかと問うと、妻はこう答える。

「それはね、クスクスを夫に持っているからといって、前まえから、みんなにばかにされたりいやしめられたりしていたんです。いまはもう、わたしの夫がじつは勇敢でりっぱな若者だとわかったのだから、みんなにあなたを見せたいの。わたしは信じているんです。わたしの夫がいやなクスクスなどではなくて、じつは若くて勇敢でりっぱな男だということを知ったら、これまでわたしをばかにしたりいやしめたりした人たちが、しまいには後悔してうらやましがるようになるだろうっていうことを。だからカカンダ、もしわたしを愛してくださっているなら、ずっとそのままの姿でいて、その姿をみんなに見せてください。……」。

「いいよ、きみがそれを望むならね」。そして夫はクソイと名乗り、幸せな結婚生活がつづく。クソイは一ヵ月以上もかかる船旅に出る。妹の幸せをねたんだ姉たちは妹を殺す計画をたてる。クソイが帰着するしらせが入ると、姉たちは妹を海岸へ連れだし、ぶらんこにのせ、強くゆすって妹を木の枝にひっかける。妹は木からおりられず、木の上から、入港する船の人にクソイはいないかと尋ねる。クソイが到着し、リンキタンを木からおろしてわけを知る。帰宅して姉たちにリンキタンの行方を尋ねる。姉たちは知らないふりをするが、クソイはリンキタンを連れ出してくる。姉たちはそれと気づく。クソイは「妻の命がねらわれたことはわかっているぞ」と言うが、「仕返しはしない」と言明し、姉たちはふたりに「あやまちを告白して許しを請うた」。それからはふたりは幸せに暮らし、姉たちからの中傷もなくなる。

（インドネシア）

クスクスの行状を知りながら将来を予見しない

すでに述べたように、この話の冒頭は、困難な状況におちいった親がやむをえず娘を与える約束をするのではなく、クスクスが求婚のために客にきたのである。最初のモティーフだけ欠けていて、そのあとはこれまでの話と、ほぼ同じ構造とみてよいだろう。

両親も娘たちも、それが「いやらしいけだもの」であると思っている。そして結婚を承諾した末娘でさえ、「あれはけだものだけれども」と言う。ただ、けだものとしてそのクスクスがよい習慣をもち、隣人を愛しているから結婚しよう、ということである。末娘は未来を予見するような発言はしていない。逆に過去においてクスクスはよい習慣をもち、隣人を愛していたから、結婚しても大丈夫であろうと思ったのである。

相手は動物と知りつつ、娘が求婚を受けるとき、娘がその動物に対してどう考えて受けているか、という点についてみると、このインドネシアの娘は、日本の娘ともフランスの娘ともちがった考え方をしていることがわかる。日本の「猿婿入り」では、娘ははんどうと鏡を所望して、それで猿を川へおとした。フランス・ロレーヌ地方の「ばら」では娘は、「それはとても不幸な人なのよ。あたしが助けてあげられるかもしれないわ」と言ってでかけていった。いずれの場合にも相手と自分のこれからの関係について、いちおうの見込みをもっていることがわかる。それを逆にいえば、すべてはこれからなのである。未知の関係のなかへとびこんでいくのである。

その点ではパンジャブの「わにとお百姓の娘」においても同じだった。川へ連れていかれた娘は、「この冷たい川の中で、あたしは若い命を終えなければならないのね」と言って泣き、父に助けを求める。未知の関係のなかへ、この場合は予見なく入っていくことになる。ハンガリーの「物言うぶどうの房、笑うりんご、ひびく桃」でも、同じであった。

それに比してこのインドネシアの娘は、クススのこれまでの行状を知っていて、そこから判断して、結婚の申し込みを受けると言っている。この末娘は、姉たち八人が「あのいやらしいけだもの」とか、「けがらわしいけだものの妻になるくらいなら、死んだほうがよっぽどましだわ」と思ったのに対して、クススの動物としての行状を知っていて、「そのしきたりや習慣は良いし、隣人を愛しているから、わたしはクススの申し込みを受けようと思います」と言うのである。この末娘はふだんから動物への関心が強く、その行動をよく観察し、正当に評価していたことがわかる。娘の動物に対する愛着、親近感が、求婚を受諾させたのである。そしてこの結婚が、やがて苦難を経て幸福にいたったことを思えば、動物に対する愛着や親近感が、娘に幸せをもたらしたということができよう。

　昔話の世界では、動物や自然に対して親近感をもち、愛着をもっている人間が最終的には幸せをえるという思想が、重要な役割を果たしている。それは動物のことばがわかる「聴耳」というものが主人公の手に入ることや、動物のことばがわかる「能力」が身につくというかたちで、いろいろな話型にみられることである[12]。昔話における人間と自然の親近性、人間と動物の親近性という思想は大きなテーマなので、ここで深入りはできないが、このインドネシアの異類婚の主人公である娘は、日本の「猿婿入り」の娘のような未来への予見ももたず、フランスの「ばら」の娘のような予想ももたないゆえに、その大きなテーマに接近しているといえよう。

主人公の社会的苦悩

さて結婚した末娘とクスクスは仲良く暮らしているが、末娘は動物との結婚ゆえに姉たちや近所の人からさげすまれる。ここでもインドネシアのこの話は独特の性質を示している。つまり、動物と結婚したことをその娘自身が悩み苦しむ、あるいは不安におののくというのではなく、娘自身は結婚生活の幸せを享受しているのに、周囲の人たちが動物の夫のことをけなし、さげすむのである。娘を苦しめているのは動物の夫ではなく、動物の夫をもったためにこうむる周囲の人たちからのさげすみなのである。この苦悩はいわば社会的苦悩である。苦悩が社会的であれば、のちに人間の姿になった夫に対して、二度と再び動物にもどらないでくれと懇願するときにも、その理由は対社会的発想からうまれている。

夫のクスクスは毎日仕事に出かけていき、人目につかないやぶのなかでクスクスの毛皮を脱ぐ。そして若い、りっぱな男の姿になって、漁師の仲間に加わって舟で沖へ出ていく。妻はこの秘密の行為を知り、クスクスの姿にもどらず、そのまま人間の姿でいてほしいと願うようになる。語り手は、妻がこの段階で「クスクスの毛皮はもともとただの変装で、夫がそのりっぱさと勇敢さを隠すために使っていたのだということが……だんだんわかってきた」と語っているが、この説明は説得力に欠ける。

なにに対して「りっぱさと勇敢さを隠す」必要があるのか、納得がいくように説明されていない。昔話としてはこういう説明を本来必要としない。この説明はないほうがよいのである。現代の語り手は、ともするとできごとを合理的に説明しなくてはならないように思い勝ちである。そのことはわれわれが農村に老人たちを訪ねて昔話を聞かせてもらうたびに痛感させられることである。わたしにはこの部分はそうした説明——合理的に説明するつもりであっても、じつはじゅうぶんに説明になっていない——のひとつの例のように思われる。それだからすぐあとで、「しかし、どうして夫がクスクスの毛皮で変装するのかはわからなかった」と、また説明せざるをえなくなっている。

ここはなにも説明なしにすむ部分で、いままでみてきた例でも、ここではまだ説明せず、夫が動物であることをやめたときに、じつは魔法をかけられて動物の姿をしていたのだ、と説明される場合があった。フランス・ロレーヌの「ばら」、フランスの「美女と野獣」、ハンガリーの「物言うぶどうの房、笑うりんご、ひびく桃」がそれである。インドネシアのこの話は、動物の夫と娘との関係としてみるとヨーロッパのその三つの話に近いのに、あるいは近づくことができるはずなのに、そうはなっていない。これは注目に値するところである。もうすこし、話を追って考えてみよう。

リンキタンは、夫がいやらしいクスクスではないことを姉たちに「見せてやりたいという望みと、夫への愛にかられて」、夫の脱いだクスクスの毛皮を隠してしまい、若者の姿で帰ってきた夫の手をつかまえる。

人間と動物のあいだを往復する夫が、毛皮を脱いで人間であるあいだに、その毛皮を焼いてしまうというモティーフは、ヨーロッパの異類婚には多く現われるモティーフである。焼いた結果、動物であった夫がどうなるかはいろいろな変化があるが——人間にとどまる、死ぬ、別れを告げて去るなど——リンキタンの場合には夫の手を押さえても夫は消えもせず、ふたりの間に対話がうまれる。

リンキタンはまず、クスクスを夫にもったことで自分がいかにつらい目にあわされてきたかを訴える。そして夫がじつは勇敢でりっぱな若者だとわかったのだから、「みんなにあなたを見せたいの」。人びとはきっと「後悔してうらやましがるようになるだろう」と言う。もちろんそこで愛が問題にならないわけではない。しかしその愛はこういう形である。「もしわたしを愛してくださっているなら、ずっとそのままの姿でいて、その姿をみんなに見せてください」。つまり、愛があるなら、自分の社会的苦悩を除去することに力を貸してくれ、ということである。そして夫も「いいよ、きみがそれを望むならね」と言って人間であることをつづけるのである。

話のすじはこのあと、姉たちによる妹の殺害計画に移り、最後に夫のクソイが正しく妻を発見して姉たちをこらしめ、幸せな生活を送るとなるので、われわれのテーマとしてはここまでのところが重要である。

魔法はしまいまで出てこない

ここでいままでのことを通してみると、インドネシアのこの話の特徴が浮かび上がってくる。末娘がクスクスの求婚に応じたのは、動物ではあってもおこない正しいからであった。そしてふたりの結婚生活自体は幸せであった。しかし姉たちが動物との結婚をなじるので末娘の苦悩がうまれた。夫がじつはりっぱな若者であることを知った末娘は、その事実を姉たちに見せてへこませてやりたくて、夫に、自分を愛しているなら、人間の姿を姉たちに見せてやってくれと訴えた。

すでに述べたように、ここでの末娘の苦悩は対世間的苦悩であり、人間の姿でありつづけて欲しいという訴えも、対世間的配慮からなされている。それはきわめて特徴的に思われる。そしてもうひとつの特徴的に思われることは、人間の姿から動物の姿への変身、そしてその逆方向への変身がなんの魔術的手続きもなしにおこなわれていることである。それはいとも簡単に、人目につかないやぶの中で、動物の皮を脱いだり着たりすることによって実現されている。フランスの「ばら」や「美女と野獣」に典型的にあらわれていたように、ヨーロッパでの人間の姿と動物の姿との間の変身は、いつも魔法あるいは魔術ということばで説明されている。したがってそれはいつも、悪魔の仕事か魔女の仕業《しわざ》なのである。ところがここでみたヨーロッパ以外の諸民族の民話における変身は、魔法と無関係に実現している。このインドネシアの異類婚もその一例といえる。

変身というできごとそのものについては、以上述べた特徴が認められるのだが、そのことと、第一に挙げた特徴、つまり苦悩と訴えが対世間的であるという特徴をあわせ考えると、われわれのテーマである人間と動物の関係という視点からみれば、リンキタンとクスクスとの関係は、人間と動物がそれぞれ存在を賭けた緊迫した関係ではないことがわかる。フランスの「ばら」の場合は、野獣がじつは魔法をかけられた人間だったのだということによって、いわば肩すかしを食わせている。それに対し、日本の「猿婿入り」はきびしい。それは文字どおり、存在を賭けたきびしい対立関係である。そのことがヨーロッパの研究者たちの目には「日本の昔話は動物に対して残酷だ」と映るのである。(13) ところがこのリンキタンとクスクスとの関係は、そのいずれとも異なり、クスクスの意志としては、そのりっぱさをかくすために動物の皮を着ているにすぎず、末娘としては対世間的に悩み、対世間的配慮から人間の姿のままでいてくれと言っているのである。

II 夜の来訪者

発端の第二の形として、正体不明の恋人が夜に娘を訪ねてきて、のちにそれが動物とわかるものがある。これには来訪者が人間の姿をしているがその身元がわからないという場合と、娘の家族からみると声だけ聞こえて正体がわからない場合がある。

『古事記』の「三輪山伝説(14)」

われわれ日本人には、これはすでに『古事記』でなじみがある。その「中つ巻、崇神天皇」の項に、「三輪山伝説」とよばれる短い伝説がある。

此の意富多多泥古と謂ふ人を、神の子と知れる所以《ゆゑ》は、上《かみ》に云へる活玉依毘売、其の容姿端正《かたちうるは》しかりき。是に壮夫《をとこ》有りて、其の形姿威儀《すがたよそほひ》、時《とき》に比《たぐひ》無きが、夜半《よなか》の時に倏忽《たちまち》到来《き》つ。故、相感《あひめ》でて、共婚《まぐは》ひして共住《すめ》る間に、未だ幾時《いくだ》もあらねば、其の美人《をとめ》妊身《はら》みぬ。爾に父母《ちちはは》其の妊身《はら》みし事を恠《あや》しみて、其の女《むすめ》に問ひて曰《い》ひけらく、「汝《な》は自《おのづか》ら妊《はら》みぬ。夫《を》无《な》きに何由《いかに》か妊身《はら》める。」といへば、答へて曰ひけらく、「麗美《うるは》しき壮夫《をとこ》有りて、其の姓名《かばねな》も知らぬが、夕毎《よひごと》に到来《き》て共住《す》める間に、自然懐妊《おのづからはら》みぬ。」といひき。是を以ちて其の父母、其の人を知らむと欲《おも》ひて、其の女に誨《をし》へて曰ひけらく、「赤土《はに》を床の前に散らし、閇《へ》蘇《そ》此の二字は音を以ゐよ。紡麻《を》を針に貫《ぬ》きて、其の衣《きぬ》の襴《すそ》に刺《さ》せ。」といひき。故、教の如くして旦時《あした》に見れば、針著けし麻《を》は、戸の鉤穴《かぎあな》より控《ひ》き通りて出でて、唯遺《ただのこ》れる麻《を》は三勾《みわ》のみなりき。爾に即ち鉤穴より出でし状《さま》を知りて、糸の従《まにま》に尋ね行けば、美和《みわ》山に至りて神の社に留《とど》まりき。故、其の神の子とは知りぬ。故、其の麻《を》の三勾遺《みわのこ》りしに因《よ》りて、其地《そこ》を名づけて美《み》和《わ》と謂ふなり。此の意富多多泥古命は、神君、鴨君の祖。

ここでは毎夜、美男子が娘を訪ねてくるが、その身元がわからないために、父母が娘に入れ知恵して、巻子紡麻を針に通して若者の着物の裾に刺させる。翌朝、その麻をつたっていくと神の社にいたり、若者が神の子と知ったというのである。話はそこで終わっている。神話的伝説としては、それでじゅうぶんなのであろう。この伝説は、これからみるように、日本の民衆のなかで口伝えの昔話として、日本全国にきわめて強く分布しているようなので、その意味でとりあげたのである。われわれのテーマの関心をもって読むと、昔話とはちがう点に気づく。それは昔話と伝説との根本的相違にかかわることだが、この「三輪山伝説」では、夜ばいにくる若者の身元が、神の子であるとわかると、そのことを畏《おそ》れかしこむのである。

神の子が美しい若者の姿に現じて娘のもとにかよったその奇跡に感動し、その地を美和と名づけたという記事なのである。そうである以上、若者の姿をとっていたことも、それがあいびきののちには鉤穴から出られるような動物に変身したことも、すべて神の御業《みわざ》の証《あかし》である。それはまさに畏敬さるべきことなのである。そして『古事記』では、「此の意富多多泥古命は、神君、鴨君の祖」と注記されている。このように神の子によって生まれた者は一族の祖となるにふさわしい。

昔話としての「蛇婿入り」

この伝説は民衆のあいだでも昔話として口伝えに語られている。それは関敬吾によって「蛇婿入り―苧環《おだまき》型」とよばれている話型である（『日本昔話集成』一〇一番A。ちなみにこの話型名については「苧環《おだまき》」という名が現代では理解困難なので、『日本昔話通観』では、「針糸型」という新しいサブタイプの名称が試みられている）。

「蛇婿入り」の昔話は、日本全国にわたってきわめて強く分布しているものだが、この話型は導入部で大別して、「水乞い型」と「苧環型」のふたつのサブタイプ群に分けられる。そして「水乞い型」の導入部は、われわれのテーマから分類するとIのグループに属することはすでにふれた。「蛇婿入り―苧環型」は、関敬吾がその『日本昔話集成』一〇一Aに示した高知県の類話によるとこういう話である。

　ある家の一人娘のもとに、毎晩きれいな若者が遊びにくる。はじめのうちは母親もこの美青年の訪問を喜んでいたが、雨の晩も風の晩も来るので心配になり、身元をきくが答えてくれない。怪しいと思って、寝ている若者の髪の毛に、枠の糸を通した針を刺すと、若者は痛いと叫びながら走り去る。それにつれて枠の糸ががらがらとのびる。翌朝、その糸をたどっていくと、大きな淵の中までつづいていて、中から話し声が聞こえる。蛇の母親が息子に、お前はくろがねを頭に立てられたからもう生きられない、言い遺すことはないかと言う。すると蛇の子が、自分は死んでもあの娘に子をはらませたから、それが仇をとってくれるだろうと言う。ところが母親が、あの娘は三月の節句の桃酒と五月の節句の菖蒲酒と九月の節句の菊酒を知らないだろうが、もしそれをやられたら胎の子はだめだと言う。娘の母親はこれを立ち聞きして、急いでもどり、娘に桃酒などを飲ませる。するとおなかの蛇の子は溶ける。それからは女はどうしても、三月、五月、九月の節句の酒を飲まなくてはならなくなった。

『古事記』の伝説と比較して読むと、こまかい点での差異はもちろんとして、この話には後半に「立ち聞き」して、桃酒などで蛇の子を流すモティーフがついていることが、決定的な、大きなちがいであることがわかる。そしてこのモティーフが付加されたことによって、夜ごとに娘を訪ねてきたあの美青年の評価が、『古事記』の場合の逆になっているのである。『古事記』ではすでにみたように、糸をたどっていったあげく、神の子と知った。「ああ、あの美しい若者は神の子だったのか」と、畏敬の念にうたれている。そこでは若者が鉤穴を通るような動物の姿で帰っていったことは、神の子の証でこそあれ、忌むべき発見ではない。

ところがこの昔話ではまったくちがう。糸をたどっていったあげく、淵の中での蛇の会話を聞いて、「ああ、あの美しい若者は、じつは蛇だったのか」と、忌むべき発見をする。そして蛇の母が「人間はまさか知るまいが」として述べた方法を聞き知って、蛇の子を溶かしてしまうのである。ここでは、蛇を神の子としてみるどころか、あの若者が蛇だったのなら、その子はどうしてもおろしてしまわなくてはならないのである。蛇が若者の姿できたのだったという発見は、気味悪さを増幅しているにちがいない。この気味悪さは、現代の読者や聞き手が、蛇によって子を宿すという話を聞いたときに感ずる気味悪さと同じものである。そのときひとは蛇を、あの自然のなかにいる蛇と想像しているにちがいない。ここでもまた、神性を有したはずの蛇を、自然のなかにいるものとして日常の感覚で受けとめるという現象にでくわす。

柳田国男はこれを、信仰の対象であったものの衰頽の影であると言っている[15]。たしかに古い時代に蛇を神の代理人と考えて構築した伝説があったことを、われわれは上述のように『古事記』のなかで知っているのだが、現在の語り手たちが語ってくれる「蛇婿入り」の蛇は、「衰頽の影」という表現にふさわしいだろうか？　日本全国にひろく、強く分布している「蛇婿入り」の類話[16]をみると、「衰頽」して細々と口伝えのなかに生きているとは思えないのである。むしろ、日本人は蛇から神性を奪い取ってのち、自然のなかのあの蛇として、ごく日常的な感覚で蛇を感じとり、そうした蛇が若者として夜ばいしてきたこと、そうした蛇が針で死ぬこと、そうした蛇の子が桃酒などによっておろされること自体に、おそろしさと同時に文芸的快感と興味を感じてきたのではなかろうか。

そのスリリングなできごとが、蛇への信仰を忘れたのちの日本人のあいだでは「蛇婿入り」という昔話の文芸的関心の中心に立っているというべきであろう。「水乞い型」にせよ「苧環型」にせよ、そうした蛇と人間との交渉自体への強烈な関心なしには、これほど強く日本全国に口伝えされることが可能なはずはない、と思うのである。自然のなかから、ほとんど自然の動物としての蛇が人間の家を訪ねてくるというところに、この話を伝えてきた日本農民たちは、自分の存在を確認していたと考えられるのである。自分たちの存在は、そのような自然に取り巻かれているのだという認識が根底にあったものと思われる。この問題は第三章で詳しく考察されるであろう。

もちろん『古事記』の線上に立つ口頭伝承もないわけではない。例えば、『日本昔話集成』で「蛇婿入り―苧環型」の類話のうち、新潟県南蒲原郡森町の話では、糸をたどっていった娘が、洞穴の中で侍が苦しんでいるのを発見して介抱《かいほう》してやると、侍が、自分は蛇だが針の毒で死ぬ。腹の子は自分が見守ってやるから大切にせよと言う。やがて男の子が生まれ、腋の下に三枚の鱗《うろこ》がある。その子が五十嵐小文治と名乗り、大力である、となっている。

これに類した終わり方をもつ類話は、『日本昔話集成』では多くはないが、岩手県、新潟県、長野県、岐阜県、長崎県などに散見される。この場合の特徴は、娘が蛇の子を生み、その子には蛇の子らしい特徴があって、なみの人間よりすぐれているという点にある。蛇を人間よりすぐれた力を与えてくれるものと観じている。一種の畏敬の念をもった語り方である。目印の鱗があり、大力であった、名主になった、藤原家の始祖となったという。その語り方は大ざっぱに『古事記』の線上にあるといえようが、しかし、もはや『古事記』の意富《おお》多多泥古《たたねこ》命のように「神の子」とはいわない。もし「衰頽の影」という表現をあえて使うとしたら、むしろこの語り方にでてくる蛇とその子のほうが適当なのではあるまいか。

ヨーロッパには見あたらない話型

日本できわめて分布の強い「蛇婿入り」ではあるが、欧米にはほとんど見あたらないようである。いままでのところ、アールネ＝トムソンの『昔話のタイプ』で、この話型に対応するものとして、関敬吾はその『日本の昔話——比較研究序説』のなかでAT433Aを指摘して(17)いるが、AT433Aの本文は「蛇が王女を自分の城へ連れていく。その娘が若者にキスして魔法を解く」というもので、対応とは言いがたいように思う。しいて言えば、AT433「蛇の王子」(18)が、かすかに「参照」つきで挙げられるだろう。

また『日本昔話事典』ではAT425を、「参照」つきで挙げているが、これも話型としての対応はなく、ほんのかすかに、(1)「夫としての怪物」のうち(b)「夫は夜には人間である」という小さい部分に対応があるといえる程度である。

朝鮮半島の蛇婿譚

朝鮮半島には日本の「蛇婿入り」と強い類似をもった話がかなりの数、主に伝説として伝えられているようである。崔仁鶴《サイインパク》はその『韓国昔話の研究』において、この話型に「夜来者」の名をつけ、201番という番号を与えている。そこに記されている類話の数は十九である。[19]

201　夜来者

一　夜来者。㈠ある長者の家に一人娘がいた。㈡毎晩不思議な美青年が娘のところにやってきて、鶏の鳴かないうちに帰る。

二　夜来者の正体。㈠父が娘を追及すると、娘は事実をうちあけた。㈡父は今度きたら針に糸を通し男の裾に刺すよう念をおした。㈢翌朝糸を追って行ってみると、裏山の中にうわばみが一匹いて、針に鱗を刺されて死んでいた。

われわれがこれまでとってきた検討方法からすると、この梗概《こうがい》では分析できないが、日本の「蛇婿入り―苧環型」ときわめて近いことだけはたしかであろう。ただ、終わりのところで、針が刺さって死んでいたとだけ記されている。そのあとどうしたかということが、われわれのテーマにとっては大切なのだが、残念ながらその考察の対照にはできない。

いずれにせよ、韓国以外では、話型レベルでの対応はほとんどなく、もっと小さい単位におろしてみなければならない。そこでふたたび『世界の民話』（全三十七巻、ぎょうせい）に収められたよその民話に目を転じてみると、興味ある話がエスキモーとジプシーにあることがわかる。

「かにと結婚した女」(20)

美しい娘をもった猟師がいた。若者たちが求婚してきたが、娘はすべて断わってしまった。ある夜、その娘の寝ている毛皮の帳《とばり》のかげから奇妙な笑い声が聞こえ、両親は驚く。「両親は、娘が大きなかにと結婚していることを初めて知った。しかし、かには恥ずかしがって人前に出ないで、いつも帳のかげに隠れていた」。やがて冬になり、獲物が取れなくなると父親は、「娘がたくさんのりっぱな若者の中から婿を選んでさえいたら、たいそうすぐれた猟師が家にいたはずなのに、こんなに役立たずの婿をもって、なんとも恥ずかしい」と言う。ところがある吹雪の日に、外で威勢のいい祝い歌が起き、三頭の大きなフィヨルドあざらしが家の入口から投げ込まれた。「人間の姿をして猟に出かけ、いま獲物を持ち帰ったのはかにだった。古老の話では、生き物はみな人間の姿と形になることができる」。そのとき以来、「かには妻と妻の親のために獲物をとった。そして一家は何不自由なく暮らした」。

やがて妻がみごもり、双子の男の子を生んだ。双子が大きくなって跳ねまわるようになっても、父親は子どもたちのところへ来ない。しかしある晩、妻があざらしの皮の帳を張りめぐらし、そのなかから楽しげな語らいと笑い声が聞こえてきた。姑は好奇心にかられ、「婿を一度も見ることができないなんて、ほんとにいやなこった」と言って、毛皮の帳の穴から娘の寝床をのぞきこんだ。するとその婿は、「大きな大きな眼が頭からダラリと垂れ下がった、しわだらけの小男だった。姑はそれを見てびっくりぎょうてんし、あお向けにぶったおれて死んでしまった」。姑が死んだのはかにのせいになったが、「それからのちは、若い妻と寝ているかにを、毛皮の穴からのぞき見しようなどという料簡《りようけん》をおこすものはひとりもなかった。そしてかには妻子ともども、幸せに暮らし、家じゅうのもののためにたくさんの獲物をとった」。

（エスキモー）

婿がかにでも親は驚かない

この話が日本の「蛇婿入り―苧環型《おだまきがた》」と共通にもっている要素といえば、じつは、冒頭で、親の知らないうちに、夜に、娘のところへ求愛者が訪ねてくるという点だけである。「素姓《すじよう》の知れない夜の来訪者」というモティーフだけが共通なのである。そして物語としてはまったく別な発展を示している。話型は別物である。しかし、われわれがテーマとしている「人間と動物の婚姻関係」という視点からすると、「素姓の知れない夜の来訪者」という共通の導入部をもつ話において、その「夜の来訪者」をどう把握しているか、という問題はたいへん興味をそそることである。

日本の「蛇婿入り」とちがって、エスキモーの母親は、帳のかげから笑い声や語らいの声を聞くと、娘が大かにと結婚していることをすぐに知る。そして娘も、それがどこからきた者かは知らないまでも、相手が大かにであることは知っていたのだろう。したがって身元を調べるために糸をつけた針をさすことをしない。母親は笑い声によって大かにと知ったのだが、その大かにの素姓をさぐろうとはしないし、娘は帳のなかで大かにと語らっていながら、その大かにの身許をたずねようとはしていない。大かにと知ってしまえばもうそれでいいのである。

日本の「蛇婿入り」において、若者であることを母娘とも知りながら、その素姓を知ろうと努力し、糸をたどっていった姿勢とはたいへん異なる。しかもここでは相手は若者ではなく大かになのである。ここにおいて日本とエスキモーの話のあいだには、「素姓の知れない夜の来訪者」という共通項はあるが、その素姓をさぐりだそうとするか、素姓などさぐらないかという段階では、大きなちがいをみせているのである。エスキモーの母と娘は、大かにの求婚者をそのまま認めているといえる。

そのことは、エスキモーの話全体に通じている基調である。母親は娘の相手が大かにであることを、そのとき初めて知って驚くが、その驚きは、これまで数多くのりっぱな若者たちを断わってきた娘が、いつのまにか大かにという相手と楽しい時をもっていることについてであろう。そこにはけっして、相手が大かにであること、そのこと自体への驚きはない。一方かには恥ずかしがって姿を現わさない。ということは、かには、姿を現わしたら命をとられるだろうという、危険を予感して姿を現わさないのではない。娘の相手として大かにが現われたけれど、それは大かにを殺さなければならないという性質の事件ではない。かにが姿を現わさないのは、「恥ずかしがって」なのである。そしてあとでわかることだが、恥ずかしがる理由は、かにの容姿にあった。

父親についても同じことである。冬になって食糧の入手が困難になったとき、父は、もしりっぱな若者がうちの婿だったら、うちにはいい猟師がいることになるのだが、と言ってぐちる。父のぐちは、婿がりっぱな猟師でないという点にあるのであって、娘の結婚相手が異類の動物であることを恥じてではないし、いわんや動物を気味悪がってではないことは明らかである。もちろん動物を神聖視したためでもない。この態度は、ちょうど母親が、娘の相手を大かにと知ったとき、その素姓を調べようとはしなかったことと共通している。動物であっても、それが娘の結婚相手としての役割を果たせば、それでいいのである。父のぐちが、娘の結婚相手としての重要な役割である狩猟をしてくれないという点にあったのと同じである。人間か動物かの区別が問題なのではなくて、婿としての役割を果たすかどうか、が問題なのである。この基調はこの話に一貫して流れている。

そしてこの基調は、吹雪のなかで威勢よく祝い歌を歌うものがあり、やがて大きなフィヨルドあざらしが、三頭も家の中へ投げこまれたという場面で、劇的に、明快に顕示される。ひとつにはかにが人間の姿をして猟にでかけたということ、ふたつには婿が見事に婿としての役割を果たしてくれた、ということである。婿が大かにであっても、それが家族のために獲物を取ってきてくれさえすれば、家族一同幸せなのである。しかも家族は大かにである婿に対して、やさしい心遣いをしてやっている。すなわち、娘が妻としての心遣いを「好きなところの肉をみんなとってていいわ。ただ胸のいちばん下のところは、わたしの夫にやってね」と言って示せば、両親もそのとおりにしてやっているのである。

文芸の登場者としてのかに

やがて妻は男の双子を生む。子どもは大きくなって板床の上を跳ねまわる。語り手はこの子たちが、半身人間で半身かにだったとは語っていない。どのような姿の子であったかは、そもそも言及されていない。人間と大かにのあいだに生まれた子どもはいかなる姿をとるか、という問題意識がそこには感じられないのである。冒頭で、娘に結婚相手が現われればそれでよくて、その相手が人間か、かにかは問わなかったのと同じ線の上にある。――「姑は、女の例にもれず、ひどく好奇心をおこした」。女性の好奇心は洋の東西を問わず、民話のなかでしばしば話材になる。ここでは母親は、「婿を一度も見ることができないなんて、ほんとにいやなこった」と言ってのぞく。このせりふだけを見ると、母親が、そもそも婿は何者なのか知らないかのようにとれるが、この民話の冒頭をみると、そこで「両親は、娘が大きなかにと結婚していることを初めて知った」とはっきり語られている。それを考えあわせると、かにとは知っているけれども、ひと目婿を見たいという気持ちなのであろう。娘を見て、もしほんとうにかにだったら、娘とのあいだを引き裂こうというのではない。いわんや、ひょっとしたら神さまなのかもしれない、と思っているわけではない。ただ、「ひと目見たい」という気持ちなのである。

そして母親は娘の寝床を、毛皮の帳《とばり》の穴からのぞいてしまう。ところがその婿というのは、「大きな大きな眼が頭からダラリと垂れ下がった、しわだらけの小男だった」。母親はこれを見て驚き、あお向けに倒れて死んでしまう。

この部分はこの話のクライマックスである。婿がかにであることを知りつつ、その婿をひと目見たくてのぞいてみたが、それは異様な姿かたちをした小男だったので、母親は死んでしまったのである。これまでの流れからみて、もしこの婿が、ふつうの大かにだったら母親はきっと得心がいったことだろう。いわんや「あお向けにぶったおれて死」ぬことはなかっただろうと推測される。

異様な姿かたちの小男を見たとき、母親はべつな振舞いをする可能性もあったはずである。例えば、かにだとばかり思っていたらこんな異様な化けものだったのか、それなら退治してやろう、あるいは娘をこの化け物から救ってやろう、という反応の仕方である。しかしこのエスキモーの母はそんなことをせず、ただただ驚いて死んでしまった。

エスキモーの聞き手たちにとって、この昔話のドラマは、かにが娘の婿になったという点にないことはすでにあきらかである。そうではなくて、かにであるはずの婿が、人間ともかにともつかぬ姿の、「大きな大きな眼が頭からダラリと垂れ下がった、しわだらけの小男」

であること、その意外性にあると考えられる。それだからこそ母は「あお向けにぶったおれて死んでしまった」と語ることができるのである。

　しかもこのことのあと、語り手は、「若い妻と寝ているかにを、毛皮の穴からのぞき見しようなどという料簡をおこすものはひとりもなかった」と語っている。父が妻の仇討ちとばかり、その小男に切りかかることはない。娘が夫に、あなたのせいで母が死んだのよ、と言って責めることもない。母の死は、穴から寝床をのぞいた母自身に責任があるのである。それは自業自得なのである。そして婿の異形性は、人間が見てはならないものなのだろう。この異形性は人間より強い。人間はそれに触れたとき、その衝撃に耐えることはできない。エスキモーのこの昔話では、くり返し述べたように、かにが婿であることはまったく問題にならない。獲物を取ってきてくれさえすればそれでいいのである。しかし、婿の異形性だけは人間の克服できないものとして、はたらいている。

　かにはこの種族のトーテム動物ではなかったのか、という考え方もあるだろう。おそらく、トーテム動物か、あるいはなにかの信仰の対象としてのかにが、この種族の遠い昔の生活のなかにはあっただろう。しかしこの話をひとつの文芸としてみるとき、この話は、人間の婿になりうるかにという観念のうえに、この異形性を組み立てて、それによってストーリーとしてのクライマックスを作りあげていることがわかる。言うなれば、かつてかにがになっていた信仰上の神聖さが、文芸としては、その異形性としてあらわされていて、それを見た人間を死なせたといえるであろう。

それが証拠には、それ以来のぞき見しようという料簡をおこす者はなかった、と語られているし、人間がのぞき見をやめてからは、かにはかにとして、豊かに獲物をしとめてくることによって、妻子ともども、幸せに暮らすことができたのである。

母の死を、「見るなのタブー」を犯したことのみかえりとすることもできよう。つまり世俗的にいえば、夫婦の床をのぞくことのタブーがそこに暗黙のうちにあった、と考えることもできる。あるいはかにの神性を考慮に入れて、神性を有するものの実体を見ることのタブー、と考えることもできよう。いずれにしても、この話では、タブーを犯した者が死んだというところが独特である。民話にタブーがあった場合、たいていはタブーを犯すことによって、犯した者はタブーの対象を失うのである。

日本の有名な「つる女房」でも、見るなのタブーを犯した夫、あるいは爺婆は、鶴を永遠に失ってしまう。ところがエスキモーのこの話では、もしこれがタブー違反だとすると、タブーを犯した者が死に、タブーの対象であるかにと娘の夫婦は、その後もその場所で幸せに暮らしていることになり、たいへん独特なタブーであることになる。したがってわたしはこの場合は、見るなのタブーが設定されていたとは考えない。つまり、タブーをめぐる話ではないと思うのである。

生き物はみな人間の姿と形になることができる

ところで、この話全体を通じて娘の姿を追ってみると、冒頭で多くの求婚者のプロポーズを断わったという記事と、あざらしの脂身の分配についての希望の表明と、子どもが生まれてからしばらくして、毛皮の帳を張ったという記事だけである。そのなかで具体的に語られているのは脂身の分配の部分のみで、その前後の二ヵ所は、ほんのひとことふれてあるにすぎない。われわれがテーマとする人間と動物の婚姻関係という視点からすると、当の嫁の姿も言動もほとんどない。娘の声はわれわれにも、帳のかげから聞こえてくるにすぎない。そして話全体を成立させている主たる要素は父と母の驚きであり、ぐちであり、満足であり、そして母の好奇心とその結果としての死である。

それはなにを物語っているかといえば、これまでの分析のなかで気づいてきたことの、確認なのである。すなわち、娘はいつも帳のかげで夫と楽しく語らっている、という登場の仕方をしているのであるが、それは、娘が大かにを夫としていることに満足していることを示している。娘は帳のかげから、見知らぬかにに襲われたと叫んで、救いを求めてもいないし、かにが帰り去ったあとで母親と、いかにしてあの夜の訪問者をなきものにすることができるかと相談することもない。聞こえるのは楽しげな笑い声と語らいの声だけである。そして、獲物の分配のときには、「胸のいちばん下のところは、わたしの夫にやってね」と、夫に心遣いを示している。娘も、これまでみてきた父や母と同様、かにを夫としたことに満足しているのである。

エスキモーのこの異類婚は、これまでみてきたどの民族のそれよりも、人間と動物の関係を近く考えているといえる。これはもう「異類婚」とはいえないかもしれない、と思うほどである。人間とかにの結婚ではあるが、それは「異類」のあいだでの結婚ではなく、「同類」としての人間とかにの結婚といったほうが正確なのかもしれない。つまり、人間をほとんど動物のひとつと考える思想に支えられた話、ということができる。もはや神としての動物ではない。かといって日本の「猿婿入り」の猿のように、人間から拒否されるものとしての動物でもない。人間と同類としての動物なのである。そのことをこのエスキモーの語り手はいみじくも、「古老の話では、生き物はみな人間の姿と形になることができる」とはっきり述べている。このような、同類としてのひとと動物の結婚が、ひとと動物の結婚の話のなかで、もっとも原質的なものかもしれない。そういう眼で日本の異類婚の話をみると、それは昔話における動物を、自然のなかの動物として観じているという意味で、このエスキモーの話に近い面があるが、しかし、動物との結婚を日常的感覚で、しまいには拒否するという意味で、このエスキモーの話とはたいへん異なる。かといって日本の異類婚での動物は、ヨーロッパの場合ほど様式化されていないし、キリスト教文化の反面としての魔術による裏づけもない。その意味で、日本の異類婚の話は基調としてはむしろ、ヨーロッパによりはエスキモーやパプア・ニューギニアなど[21]、自然民族の民話に近いことが認められるのである。

Ⅲ　神の申し子

発端部の第三の形として、子どものない夫婦が、動物みたいな子でもいいからと願って、動物を生む、というものがある。これは日本や朝鮮半島によくみられるもので、ヨーロッパではスペイン、アルバニアでも語られている。いわゆる話型としてはちがいがあるが、この発端をもつものを、まとめて分析してみよう。

日本では、「たにし息子」という話が各地に伝えられている。そのなかで、鳥取県の語り手はこう語っている。

「たにし息子―打出の小槌型」(22)

子どものない爺と婆が朝晩、神様にお参りして、「どうぞ子どもをおさずけください」と祈るが、なかなかさずからない。爺が田の水を見にいったとき、たにしが「たにしの赤ちゃん」を背負って歩いているのを見て、爺が、「たにしやたにし、なんと、その子をわしにくれんか」と言うと、たにしがその子をおろす。爺はこれを見て、「はあ、たにしがわしにやるいうがなあ思うて……でえれえ大事にして持って帰って、それからさらに水を入れてやったところが、ぐんぐん大きゅうなって、さらを出《だ》えてみたらぐんぐん大きゅうなって、それからある日のこと、たにしの言うことにゃあ、『なんとおじいさん、おばあさん、わしらが細いときから、ようほんにこういうがいに、大きゅうしてつかあさった。ご恩返しゅうできませんから、なにかしるしなとしてみたい』」というわけで爺に、縄をなってくれたら自分が売りにいくと言う。

爺が縄をなうと、たにしは爺に、自分を牛に乗せ、縄もつけてくれと言う。爺は「かわいいたにしのことじゃから」と言って、そのとおりにしてやる。たにしが牛を追って町へ行き売り声をあげると、町の人は驚いて、珍しがって縄を買ってくれる。たにしが帰宅すると爺は喜び、翌日も縄をなうことにする。たにしは近藤さんという財産家の娘を自分の嫁にもらってきてくれと爺に頼む。爺は「かわいいたにしのこっちゃあから、たえげえの事あ聞くけえども」うちは貧しく、あちらはあのような財産家だし、ましてやたにしの嫁になってくれとは言えない、と言って、たにしにあきらめさせようとする。しかしたにしに再三再四頼まれて、爺はやむなく財産家の家を訪ね、手代に言うが、門前払いをくいそうになる。

「そこでおじょうさんがどっかの奥で聞かれて、『そういうわけなら、わいは女房になってゆく』というわけで、当の本人さんが承諾せられて」、爺は喜んで帰る。娘は爺の家へ入らないほどの嫁入道具をもってくる。「それからお宮にまいらにゃあならんいうので、おじょうさんがたにしを抱いて、ずうーっとそこの氏神さんに参る」。そこへ行く途中に大きな堤があり、娘に抱かれたたにしが、自分を堤の中へ沈めろと言う。娘が「大事なおじいさんの子どもだもの、ほらりゃあせん」と言うが、たにしがどうしてもと言うので、「仕方あなしに、おじょうさんが、そのたにしを堤の中へ、ずぶずぶずぶずぶずぶずぶずぶずぶずぶずぶと泡が立って沈んで、『ああこりゃあこまったことうした』、ところがプップップッという泡が立ったところが、たにしが背中になんだか負うてござって、へえからおじょうさんのとこれえ来て、やれやれと思って、胸ようなでおろいて、それからたにしは、背なに負うた打出《うちで》のこづちをおろいて、『おじょうさん、おじょうさん、この打出のこづちでわしをたたきつぶいてくれえ』いうて、『こんで、いやそりゃできん』『いや、してもらわにゃあならん』いうて、たってたにしが言うもんだから、やむなく五尺三寸でずいらずのいい男になりますようにたたいて、すわっといい男になりましてな、そうしてお宮に参って、それから家に帰った」。そしてこんなよい婿はないといって夫婦仲良く暮らしたという。

（鳥取県日野郡日南町）

たにしを拾う語り方と生む語り方

この男の語り手は、神に祈っていた夫婦が、たにしの子どもをみつけ、その子をたにしの親からもらい受けて育てると語っている。これと同じような語り方があちこちにみられるが、岩手県や新潟県には、神に祈った夫婦に子が生まれ、その子がたにしだったという語り方もある。

しかし人間がたにしを生むことが奇異に思われるからであろうが、ここに梗概《こうがい》を掲げたような語り方、つまり、願《がん》をかけていた夫婦がなにかの機会にたにしを発見するという語り方のほうが多いように思う。同じ山陰地方の島根県石見《いわみ》大田の「たにし息子」では、田から帰る途中の爺がたにしに呼びかけられて、「ほんなら、ま、おらが子どもにしてごさんか」と言っている。

氏神さまに願をかけて祈ったので、たにしを授かったのだという意識においては、じつはこのふたつの語り方、すなわち生まれたか、拾ったか、は同じものなのであろう。日本の昔話のなかには、「尻なりへら」というおもしろい話がある。これも、なにか幸せを授けてくださいと神さまに祈った男が、お参りの帰途、偶然に赤いへらをひろったと語るのだが、へらが神さまからの授かりものであるという意識は、語り手にも聞き手にもはっきりしているのである。このたにしの授かり方が、祈りにこたえたものであることは疑いない。

娘と父親の世俗的判断

ところが、このあとのストーリーの展開のなかではどうなっているかといえば、神の子という点は忘れられている、と言わざるをえない。たにしは爺と婆に向かって、「わしらが細いときから、ようほんにこういうがいに、大きゅうしてつかあさった。ご恩返しゅうできませんから、なにかしるしなとしてみたい」と言う。爺婆はこれまでたにしを育てるについて、不平も不満も言っていない。子どもがたにしであること自体は不満の対象ではない。だが、ふつうの息子のように、父を助けて働くということができないのもたしかである。そこでこのたにしの言葉となったのであろう。ご恩返しに働いて暮らしを助けようというのである。そして牛に縄をつけていって、全部売ってくる。この場合大切なことは、たにしなのに人間の息子と同じように、あるいはそれ以上に働くことができた、ということである。

佐々木喜善の『聴耳草紙《ききみみぞうし》』に記録されている岩手県上閉伊郡の「田螺長者《たにし》」では、この部分はつぎのように語られている。

「ある日のこと、齢取った親父は、大家の長者どんに納める年貢米を馬につけながら、さてさて、せっかくご水神様から申し子を授かって、やれ嬉しやと思うと、あろうことかそれが田螺の息子である。田螺の息子であってみればなんの役にも立たない。俺はこうして、一生働いて妻子を養わなければなるまいと歎くと、それではと父様父様《ととととと》、今日は俺がその米を持って行く……と言う声がどこかでした」。父が驚いて見まわし、誰だと言うと、それは田螺の息子で、「いままで長い間えらいご恩を受けたが、もうそろそろ俺も世の中に出るときが来たから」と言って、米を馬に積んで、長者のところへ運んでいく。

つまりこの「親父」ははっきりと、「なんの役にも立たない」と歎いているのである。そうなると、前節でみたエスキモーの「かにと結婚した女」で父親が、「娘がたくさんのりっぱな若者の中から婿を選んでさえいたら、たいそうすぐれた猟師が家にいたはずなのに、こんなに役立たずの婿をもって、なんとも恥ずかしい」と歎くのと、非常に近くなる。つまり、息子がたにしであり、婿がかにであること自体はかまわないが、それが一人前に働いてくれないことは不満なのである。いわば労働力として一人前でないことに親の不満があるという意味で、エスキモーの場合と、日本のこの「田螺長者」は近いところにある。

さて、鳥取県の「たにし息子」にもどろう。鳥取の爺は、たにしが働けないことをぐちったりしない。そして、たにしの恩返しとして、縄売りの仕事がおこなわれるのである。縄売りは、人びとが珍しがったために成功したというだけで、そこに、長者の娘の口もとに米粒や麦粉をぬりつけて、強引に嫁にするという田螺息子の悪知恵のモティーフはない。[23]

縄売りに成功したたにしは、長者の娘を自分の嫁にもらってきてくれと爺に頼む。われわれのテーマからすると、ここからが重要になるのだが、このとき爺は難色を示す。その理由はふたつあり、第一は先方が財産家なのに、こちらは貧乏人であること、第二は、そのうえにこちらはたにしであることである。爺は難色を示しつつも、再三たにしの息子に頼まれると、しまいには長者の家へ出かけていく。われわれの観点からここで注目すべきことは、たにしの希望を聞いたときの判断のなかに、たにしが、神への願いがかなえられて授けられた、神の申し子であるという考えが、すこしもはたらいていないことである。

たしかにわが家は貧乏ではあるし、おまけにこの息子はたにしの姿をしているから、いやがられるかもしれないが、それでもこの子は神に授けられた、聖なる息子なのだから、なんとか息子の願いも受けいれられるかもしれない、よしやってみよう、とは考えていない。貧乏のうえにたにしだから、というのは、世俗的判断でしかない。

同じことが、爺が財産家のところへ行って述べた口上についてもいえる。たにしの女房になってくださいと言うだけで、それが神の申し子なのだという説明はない。そうであれば、手代に門前払いを食うのはあたりまえなのである。

ところがそれを立ち聞きした娘が、「そういうわけなら、わいは女房になってゆく」と言う。ここでの「そういうわけ」とはなにかといえば、たにしが自分を所望している、ということだけである。しかも爺のせりふのなかには、それはあまりはっきり表明されていない。それでも長者の娘が、「そういうわけなら」と言うのは、語り手の説明不足といわざるをえないが、この話としては、このままでじゅうぶん成立していると思われる。

前ページで注(23)として引き合いにだした、『日本昔話集成』一三四番の「田螺息子」では、たにし息子が悪知恵をだして、寝ている末娘の口もとに生米のかんだものをぬりつけておいて、「長者さまし、おらの米こ食はれだがらには、なんでもけるといふ約定とほりに、おらの嫁ごに娘こを貰つて行ぎます」と言って、有無《うむ》をいわせず娘を馬に乗せて連れ去っている。娘が動物のもとに嫁入りするについてはどのような話型でも、嫁入りの理由を明示している。そのことから考えて、鳥取のこの語り手は説明不足にしてしまっているように思うのである。

それでも、われわれのテーマである人間と動物との婚姻関係という観点からすれば、この鳥取の娘の気持ちを推察することはできる。それは、嫁入りしてからのお宮参りで、胸に抱いたたにしが、自分を堤の中へ沈めろと言ったときの娘の返事をみれば可能なのである。「そんな事あ、大事なおじいさんの子どもだもの、ほらりゃあせん。そねえなことを言っても、そりゃあ無理だけえ」。この返事のなかには、「たにしよ、あなたは神の申し子なのだから、池の中へ投げ込むなんてことはできないのですよ」という気持ちは感じられない。「大事なおじいさんの子どもだもの」という理解であることが、はっきりしている。

それだから、たにしがずぶずぶと水の中へ沈んでいったときには、「ああこりゃあこまったことうした」と思い、やがてまたたにしが浮上してきたときには、「やれやれと思って、胸ようなでおろい」たのである。このあたりの心の動きには、たにしが神から授かった子であるという意識は、全然感じられない。それでは、ここに語られているのはどういう感情かといえば、それは「大事な子ども」とか、「困った」とか、「やれやれ」という言葉で言い表わすことのできるような感情、いわばまったく日常のなかにある感情なのである。

水の中から浮かび上がってきたたにしは、背に打出《うちで》の小槌《こづち》を負っていて、「おじょうさん、

おじょうさん、この打出のこづちでわしをたたきつぶいてくれえ」と言う。娘が一度は断わりながら、たにしのたっての願いによってたたくと、「すわっといい男にな」る。そのとき娘は、五尺三寸のいい男になれと願いながらたたくのだが、たにしがいい男になっても、なぜこれまでにたにしだったのかを問うこともしないし、この小槌はそもそも誰のもので、いかなる力をもつものかと問うこともしない。

　ある魔法がおこなわれたとき、その魔法がいかなる魔的体系に由来するものかを問わないということは、ヨーロッパの昔話の特質として、つとにスイスのマックス・リュティの指摘するところだが、[24]日本の「たにし息子」では、たにしからいい若者への変身が、打出の小槌でおこなわれても、それを魔法であるとさえ言っていない。いい男になると、ふたりは「そうしてお宮に参って、それから家に帰った。家にはこげえな婿さんなかった。ああかようかようかようというような次第を話いて、夫婦仲ようくらいたというような事を聞いとります」と、この話は終わっている。じつに淡々としていると思う。

　いい男になった夫が、たにしの姿でいたことの理由を説明していないし、なにによって人間の姿になりえたかの説明もしていない。これは「人間にもどった」というべきなのか、「人間になった」というべきなのか、わからないままである。日本の昔話はどうやら、その辺の事情についてはあまり興味をもっていないようである。神の御力なのか、魔法の力なのかという説明なしに、日本の語り手はこのふしぎな変身の物語を語ることができ、聞き手は受けいれることができるのである。
お隣の朝鮮半島に、「蟾《ひきがえる》息子」という話があり、ストーリーも、動物の見方も日本の「たにし息子」とたいへん近い。それはこんな話である。

「蟾息子(25)」

魚とりの貧しい爺が、ある日一匹もとれずに帰途につくと、水田の畦で蟾《ひきがえる》が声をかけてきて、自分を家へ連れていってくれという。爺がお前に食べさせるものがないからと断わると、蟾はほんのひとさじもらえばいいのだからと言い、爺も納得して蟾をもち帰る。数日後、蟾は爺に息子にしてくれと言う。息子にしてもらうとつぎには、自分も年ごろだから花嫁さんをもらわなくちゃと言い、爺に、「おまえなんかの微物《ミムル》に嫁にきてくれる馬鹿がいるもんか」と言われると、「あの上にある大きな瓦葺きの家の三番目娘が、ぼくの花嫁には適格だよ」と言う。爺が、もしそんなことが大監《だいかん》様の耳に入ったら命がない、と警告すると、蟾息子は、「あと三日だけ待ってください。かならず花嫁につくって見せるから」と言う。翌晩、蟾は鳩をくわえてきて、その足にちょうちんを結びつけ、それをもって大監様の庭の柿の木に登り、大声でどなる。
「大監よ、よく聞くがよい。おれは天から送られた天の神様の使いだ。今晩大監の家におれを遣わしたのは、三番目の娘をどこそこのお爺さんの家にある蟾息子さまの花嫁として、ただちに婚礼を行うようお告げになさったのだ。もしもこのお告げを断わる場合には、大監はもちろん、子孫代々天の罰を受けるから覚悟するがよい……」そう言って鳩を放すと、大監は火の玉の飛ぶのを見て、ほんとうに神のお告げと思い込み、三番めの娘を嫁にやることを承知する。結婚式が終わっても花嫁は床に入ろうとしない。すると蟾息子が「花嫁よ、そんなに悲しむなよ。いますぐにはさみを持ってきてぼくの背中の皮を切っておくれ」と頼む。

「花嫁は蟾息子が言ったとおり、はさみで背中の皮を切った。すると、目がまぶしいほどの美しい若者が現われた」。そして翌日、村びとたちが大監様の蟾婿を「見物するため」集まってくるが、現われたのは美しい花婿なので、みな驚いてしまう。花婿は、「自分を養ってくれた貧しいお爺さんを呼んできて、みんなの前で改めて親子のちぎりを結んだ。それからというのは、とても幸せな暮しをしたという話だ」。

（韓国・江原道原城郡金垈里）

変身は魔術的行為でない

韓国のこの話は、信仰性がいっそう弱まっているように思う。日本の話の冒頭にあった、子を授けてくださいと神に願うというモティーフが、ここではまったくない。魚が釣れないで「今日は運が悪い日だ」と思いながらもどってきた爺は、ひきがえるに、家へ連れていってくれと言われたとき、「なんだ、今日は魚一匹とれないうえ、蟾までわしをからかうのかい」と言っている。神に祈っていないのだから、ひきがえるとの出会いをこう理解するのも無理からぬことだろう。

韓国のひきがえる息子は、自分の知恵で長者の娘を手に入れる。鳩にちょうちんをつけて飛ばして神のお告げを伝えるという仕掛けは、日本の昔話でも好まれていて、『聴耳草紙』以来、「鳩提灯」と呼ばれている。日本の「鳩提灯」では、なまけ者が嫁とりをするときに使う方法なのだが。

韓国のこの話は、「鳩提灯」のモティーフを導入することによって、長者の娘がひきがえるのところへ嫁にくる理由を明確に示している。つまり、天の神のご意志に従ったのである。しかしそれはいつわりの「神のご意志」にすぎないはずである。この段階ではそれは、「いつわりの神の御意志」とみえるが、結婚式のあとの成り行きからふりかえってみると、ひょっとするとこれは、「いつわり」ではなかったのかもしれない、と思わせられる。

日本の「鳩提灯」に親しんでいる日本人の読者には、あの「神のお告げ」は、なまけ者の悪知恵としか考えられないのだが、韓国のこの話での「鳩提灯」は、ひょっとするとひきがえる息子が、本体を顕示していくためのひとつのプロセスなのかもしれない、という気を起こさせる。そこにこの話の神秘性があるのかもしれない。(26)

初夜の床に入ってこないで泣いている花嫁を見て、ひきがえるは、はさみで自分の背中を切れ、と言う。これは意外なことのはずだが、嫁は言われるとおり、はさみで背中を切る。すると若者が現われるのである。韓国のこの花嫁は、はさみで背中を切れと言われたときに、日本の鳥取の娘のように、そんなことできませんと言わないで、すぐに言われたとおり切っている。そして、「目がまぶしいほどの美しい若者が現われた」ときには、驚いたとも、喜んだとも述べられていない。意外にも美しい花婿が現われたことに驚くのは、むしろ翌日訪ねてきた村びとたちなのである。

それにしても、韓国のこの花嫁は、皮を切ると「美しい若者が現われた」のに、すこしも驚いていないし、喜んでもいない。若者のほうでも、自分がなぜひきがえるの姿であったのか、の説明をしない。そして翌日、村びとたちが驚くのだが、その驚きの内容は、語り手にとっても聞き手にとっても、この変身がいかにして可能であったのか、あの動物の姿がいかにして可能であったか、という疑問は問題にならないことを示している、といわざるをえない。ひきがえるであった若者の存在にかかわる問題には興味が向けられない。また花嫁と若者との関係の根本にふれる問題、つまりこの若者の本質には興味が向けられていない。驚きは、ひきがえるではなく美しい花婿が現われたことに対して、村びとによって表明されている。しかもその驚きは、「あんなにたくましい花婿ははじめて見た」というものである。あの若者はそも何者かという驚きではない。ましてや、あの若者がなぜひきがえるだったのかというものではない。

こうみてくると、変身というこのふしぎなできごとについて、魔法とか、神の力という概念で説明する必要を感じていないという意味で、ここにあげた日本と韓国の動物息子の話はたがいにきわめて近いということができる。

さて、それでは韓国以外のよその国ではどうなっているだろうか。子のない夫婦が神に子を授けてくれるように願うという導入部をもつ話は、いろいろな話型としてある。例えば、グリム童話集五三番の「白雪姫」の導入部もほぼこれに該当するといってよいだろう。しかし、授かった子が動物で、それがやがて人間との結婚にいたる話は案外多くない。そのなかで、ストーリーのはっきりしている、アルバニアの話をとりあげてみよう。

「蛇婿[27]」

子のない爺と婆が「神さまにお願いしましょうよ、子どもをお授けくださいって！　そしたら子どもが蛇にせよ、ご利益があるでしょう」と話しあう。「ふたりで主にお願いすると、神さまはこのふたりに息子をお授けくださるが、それが蛇だった」。その子は十五歳になると、自分も嫁をもらう年頃だから大だんなのところへ行ってそこの娘をもらってきてくれと母を通じて父に頼む。父は「蛇風情《ふぜい》のためにあそこのお嬢さんをもらいに行けるわけがない。おれは分別をなくしちゃおらんぞ！」と言って断わる。それでも蛇息子が、「大だんなはふたつ返事でくれる」だろうと言うので、父は仕方なく大だんなのところへ出かけていく。父が四方山《よもやま》話のあげくに息子の希望を打ちあけると大だんなは、「そりゃあ無理だ、おい、とても蛇なんかに娘はやれんぞ。恐ろしいことだな！」と言うが、客をもてなしていた娘がこれを聞いて、「父さん、神さまが定めたことをかなえてあげてくださいい、ご承知くださいな！」と言う。それで「大だんなは、ついてるやつだと言って、娘をくれ」ることにする。

父が喜んで帰宅して息子にそれを知らせると、蛇息子は、自分のために披露宴をしてくれるなら、ふた部屋用意してくれと言う。それから母親に向かってこう言う。「かあちゃん、山に行って、これこれの岩のところに行って呼んでくれよ。そしたらそこにだれかが来る。来ると、そいつがきく、なんの用だって。かあちゃはこういうんだ『族長イスラムから、みなさんにことづてです。あの人はいついつの夜にご祝儀です。みなさんをお招きです』と」。

母親が、言われたとおり、山の中の岩のところへ行って呼ぶと、だれかが現われる。母親が蛇息子のことづてを伝えると、その現われた者が、「よろしくお伝えください！　みんなでご祝儀に参ります」と言う。一週間後の結婚式には土地の人たちのほかに、イスラム教のイェディレル派とケルクレル派の坊さんたちが来て、それぞれ控え室に入る。それから嫁もらいをして、みんなで夕食をとる。食事がすむとイェディレル派の坊さんたちが蛇を呼びよせる。そして蛇に、「だれにもだまされないように心せよ、さもないと死ぬ目に会うぞ」と言う。蛇は坊さんたちに運ばれて花嫁の部屋へ行き、かごから出されると花嫁の体にまきついて締めつけ、花嫁を食べようとしてどなりつける。「蛇のところに来るとは、愚かにもほどがある。お前を嫁にしたのは、お前を殺すためだ」。

それに対して花嫁は、「私は神さまがお定めになったことを、かなえたまでです」と言う。「三度蛇はこんなふうに言い、三度娘は同じ返事をする。すると、蛇が娘の体から離れて、蛇の皮を脱いだ。ふたりでいっしょの楽しい時をすごした。――朝になって、蛇は服を着て、炉端にくつろいで坐るんだ。それからコーヒーを飲んで煙草をのむ。娘はその顔を見つめて、いい男前なのを知って喜ぶんだ」。それから花嫁は夫の母親のところへ行って、その嘆きをなぐさめ、あなたの息子はすばらしいと言う。信じられない母は、花嫁に言われて戸のすき間からのぞいてみて驚き、夫にも話す。父も見にいって驚く。それから花嫁が夫のところへ行ってこう言う。

「もう皮の中には入らないでくださいな。いまのままでいてちょうだい。だって、さとのふた親は、そこの皮に入ってるあんたのことを聞いたら、それだけでふたりの顔を見に来てくれなくなるわ」。夫が答える。「このままではいられないんだ、皮の中にもぐりこまなくちゃならんのだ」。そして嫁が皮を火にくべるようにくり返し頼むと、夫は「それはできない相談だ。皮を火にくべたら、張り裂けて、ばらばらになった皮にふたりとも殺されてしまう」と言う。それでも嫁は「心配しないで、あなた、私、カーテンで炉をくるんで、皮になんにもされないようにするわ」と言って夫を説得し、「ふたりして蛇の皮を火に投げこんだ。皮を火にくべたら、悲鳴が起こって若者が消えた。ケルクレルの坊さんに連れて行かれたんだ」。

嫁は夫の父親に馬と金貨を入れたくら袋を用意してもらって、山のなかへ夫を捜しにいく。宿のおやじにきくと、イェディレル派の坊さんたちは、ついいましがた立ち去ったばかりで、三年たたないと来ないとのこと。嫁は三年間その宿で待つ。するとイェディレル派の坊さんがふたり、素焼きのつぼを持って近くの家に水をくみにくる。嫁が「族長イスラムに会いに来たものです」と頼むと、はじめは追い払われそうになるが、やっとのことで連れていってくれる。山の中にあるその坊さんたちのうちで嫁は夫と会うことができる。「ご亭主と女房は一日と一晩いっしょにすごした。二十四時間たつと、みんなは女房を追っ払ったが、若いご亭主のほうは放さなかった。ふたりはもう二度と会うことがなかった」。

（アルバニア）

結婚も変身も別離も魔術師的教団の支配のもと

この話は、イェディレル派とケルクレル派の坊さんたちを登場させることによって、なにか不気味な、人間の知りえない魔法の世界との関係を暗示する物語となっている。イェディレル派とケルクレル派というのは、『アルバニアの民話』の編者、マルティン・カマイとウタ・シャー＝オーバードルファー(28)によると、ともに北アルバニアにある、正体のあいまいな、禁欲的なイスラム教の僧団で、民衆のあいだでは、ときに魔法の力を使うことがあると信じられているとのことである。イェディレルはトルコ語のイディル（七）と関係があり、ケルクレルは同じくトルコ語のケルク（四十）と関係のあることばだそうである。

蛇息子はたしかに神から授けられたと語られてはいるが、披露宴にふた部屋を要望し、母親に、山の中の岩のところへ行って、「族長イスラムから、みなさんにことづてです。あの人はいついつの夜にご祝儀です。みなさんをお招きです」と言ってくれと頼むところですでに、この蛇息子が、なにか人の世からかくれた魔法的世界と関わりをもっていることが感じられる。また、結婚式のあと、坊さんたちが蛇に向かって、「だれにもだまされないように心せよ、さもないと死ぬ目に会うぞ」と言ったときにも、昔話によく登場する見知らぬ老人の忠告とはちがった不気味さが感じられる。

蛇が嫁の体にまきついて、「お前を嫁にしたのは、お前を殺すためだ」と言うのは、嫁の真心を試すためだったと考えてよかろう。三度とも嫁の返事がかわらなかったために蛇は皮を脱いで、いい男になってふたりで楽しく時をすごせたのであろう。「私は神さまがお定めになったことを、かなえたまでです」という嫁の決意の固さは、最初にみたフランスの「ばら」や、それに付して言及したやはりフランスの「美女と野獣」でならば、魔法をかけられた相手を救済するにじゅうぶんな力をもつはずである。ところがこのアルバニアのふしぎな話では、夫は蛇の皮を脱いだのであって、やはりまた蛇の皮を着なくてはならない。妻が「もう皮の中には入らないでくださいな」と願い、夫がついに妻の願いに負けて「ふたりして蛇の皮を火に投げこ」むと、その瞬間に夫はケルクレルの坊さんたちに連れ去られてしまっている。妻のあの固い決意をもってしても、夫は魔法の世界から完全には脱却しえていなかったのである。

蛇が人間の娘と結婚するためには、秘密結社のような魔術師的教団の代表者たちによる嫁もらいの儀式が必要であった。嫁の決意によって人間の姿になった（あるいは、もどったのかもしれないが）夫は、嫁の願いにまどわされずに、一定期間ののちに蛇の皮の中へもぐりこんでいれば、あの秘密の教団とある種の関係を保ちつつ、一定の条件のもとで、人間の妻との生活をつづけることができたのであろう。ところが、妻の人間的願望にまどわされて、ついその気になって皮を火にくべたために、ケルクレルの坊さんに連れ去られなければならなくなった。そのことを、結婚式の直後に坊さんたちは、「だれにもだまされないように心せよ、さもないと死ぬ目に会うぞ」といって、警告していたのだった。

夫に去られた妻は、馬と金貨をもって山の中へ夫を捜しにいく。三年間待たされて、やっとイエディレル派の坊さんたちの住み家で夫に会わせてもらえる。しかしそれも二十四時間だけで、それ以後ふたりは二度と相会うことはなかった。夫は完全に坊さんたちの支配下にはいってしまったのである。

　こうしてこの話を通してみると、この蛇の息子の結婚も変身も別離も、すべてあの秘密結社めいた教団の制御のもとにおこなわれていることがわかる。蛇の息子は、神に願って授けられた子であったはずだが、その神性はこの話の展開のなかではすこしも効力を発揮せず、いつのまにか、魔法的世界と人間界とをつなぐ存在となってしまったのである。言いかえれば、正体の知れない魔法的体系のうちの一部分として、人間世界に突出してきているのである。そういう存在であるから、妻という人間が、人間的感情によって、再びあの蛇の皮の中にもどって欲しくないと願い、魔法的体系との通路である蛇の皮を火にくべると、俄然、妻はその魔法的体系から実力による反撃を受けなければならなくなったのである。

　ギリシアに接する国アルバニアのこの話をただちにフランス・ロレーヌ地方の「ばら」や「美女と野獣」と同列におくことは、そもそもストーリーがちがう話なのだからできないことであるが、ただ、人間と動物との結婚の話に、魔法という概念をもってきて説明せずにはいられない、という点で共通性をみいだすのである。そしてそれはあきらかに、先にみた日本・鳥取の「たにし息子」、韓国の「蟾息子」と異なる点なのである。

注

(1)　島根大学昔話研究会編『島根県美濃郡匹見町昔話集』(『日本昔話通観』第18巻島根篇一二番、五五ページ)。

（2）例えば『日本昔話通観』第17巻鳥取篇二九番「猿婿入り―水乞い‐嫁入り型」九三ページ。
（3）柳田国男監修『民俗学辞典』東京堂、一九五一年。「さる」および「田の神」の項参照。
（4）小澤俊夫編『世界の民話』全三十七巻、ぎょうせい、一九七六―一九七九年。
（5）関楠生訳『世界の民話』ロートリンゲン編、三七番、ぎょうせい。
（6）小川超訳『世界の民話』パンジャブ編、二四番、ぎょうせい。
（7）中山淳子訳『世界の民話』アフリカ編、四番、ぎょうせい。
（8）例えば『日本昔話通観』第16巻兵庫篇、一三二番。
（9）飯豊道男訳『世界の民話』東欧編Ⅰ、二番、ぎょうせい。ハンガリーには「美女と野獣」型の話には三通りあるが、この型がもっとも民衆的である。そしてエレク・ベネデクの再話によってマギャール語圏全体によく知られている。
（10）同右書、二七番。
（11）小澤俊夫訳『世界の民話』アジア編Ⅱ、八八番、ぎょうせい。
（12）例えば、「動物のことばがわかる男」、小澤俊夫訳『世界の民話』ドイツ・スイス編、六〇番（レートロマン）。
（13）前掲『日本人と民話』所収のルードルフ・シェンダ（ドイツ・ゲッティンゲン大学教授）「日本の昔話のなかで日本的なものはなにか」などにその指摘がある。
（14）『古事記　祝詞』（『日本古典文学大系』1、岩波書店）。

（15）「桃太郎の誕生」八　昔話の本の姿、など。
（16）『日本昔話集成』、「蛇聟入―苧環型」には九十六の類話が、「蛇聟入―水乞型」には四十四の類話が記録されている。各県別の資料を整理した『日本昔話通観』についてみるとつぎのとおりである。
第14巻京都篇では、すべてのサブタイプを含めて、「蛇聟入り」型の類話数五十三話。「むかし語り」（関敬吾の分類でいう「本格昔話」）のなかで類話数は第一位。第15巻三重、滋賀、大阪、奈良、和歌山篇では類話数二十話。「むかし語り」のなかでの類話数第四位。第16巻兵庫篇での類話数三十二話、第二位。第17巻鳥取篇での類話数二十話、第六位。第18巻島根篇での類話数四十三話、第六位。
（17）関敬吾『日本の昔話――比較研究序説』日本放送出版協会、一九七七年、巻末所収「昔話比較対照表」。
（18）小澤俊夫『世界の民話』解説編、第四章にアールネ＝トムソンの『昔話のタイプ』の主要な番号の日本語訳があり、その一八九ページを参照。
（19）崔仁鶴『韓国昔話の研究』弘文堂、一九七六年、二二一ページ。
（20）中村志朗・青山隆夫訳『世界の民話』アメリカ編Ⅰ、五〇番、ぎょうせい。
（21）小川超訳『世界の民話』パプア・ニューギニア編、ぎょうせい、を参照。
（22）ノートルダム清心女子大学国文学科民話班編『日野・日南町昔ばなし』一九六九年（『日本昔話通観』第17巻鳥取篇、一〇七番）。
（23）例えば『日本昔話集成』一三四番に収められている「田螺息子」（岩手県和賀郡更木村のもの）には

この悪知恵のモティーフがみられる。

(24) マックス・リュティ『ヨーロッパの昔話——その形式と本質』（小澤俊夫訳、岩崎美術社）。とくに「純化と含世界性」の章を参照。

(25) 崔仁鶴編『朝鮮昔話百選』三省堂、一九七四年。

(26) 「鳩提灯」のモティーフが日本ではなまけ者の狡猾な知恵として語られ、韓国では動物の姿をした神性のものの自己顕示のプロセスとして語られているとしたら、これは昔話のモティーフの性質の問題として、たいへん興味ある問題につながっていくと思われる。しかしここではその指摘のみにとどめておく。

(27) 飯豊道男訳『世界の民話』アルバニア他編、六番、ぎょうせい。

(28) Martin Camaj, Uta Schier-Oberdorffer : *Albanische Märchen*, 1974, Eugen Diederichs Verlag, Düsseldorf, S. 263.

第二章　ひとと動物との婚姻譚――動物女房

つぎに動物の女房の昔話をとりあげてみよう。それは大別して、三つの群に分けられる。

Ⅰ　動物が人間の女性の姿で妻にくるが、正体を見られ、子をおいて去る。
Ⅱ　動物が人間の女性の姿で妻にくるが、正体を指摘されて怒って去る。
Ⅲ　動物が人間の女性の姿をしているとき、むりに妻にされる。

すでに断わってあることだが、これはいわゆる話型（話のタイプ）によって群分けしたものではない。話の発端部分での人間と動物の関係での大別である。したがって、それぞれの群の中に、いろいろな話型がふくまれることになるのである。これらの群を、順を追って詳しく読んでみよう。

Ⅰ　動物が娘の姿で妻にくるが、正体を見られて去る

日本の多くの動物女房の昔話は、この発端をもっている。「蛇女房」、「蛙女房」、「つる女房」、「狐女房」、「はまぐり女房」などである。お隣の韓国には「龍女」という話があるが、

それ以外の外国にはみあたらない。現在、世界の民話研究者のあいだで共通のカタログとして使われているアールネ＝トムソン著『昔話のタイプ』は、世界の民話資料を含むといいつつも、実際には東西ヨーロッパ偏重の内容をもっているのだが、そこには、いまあげた日本の昔話の該当する話型はあげられていない。世界各地の民話資料の調査が進み、われわれにも利用できるようになったときにどうなるか、それは予測できないことだが、現在のところでは、これらの話は日本とその近隣諸民族に限られて伝えられているようである。日本の昔話のうち、いくつかの話型をとりあげてみよう。

「つる女房(1)」

川のほとりに金蔵という若者がいて、山から薪を切ってきては町で売って暮らしていた。ある日、町からの帰り道に山を通ると、子どもたちがつるの足に縄をかけて遊んでいたので、薪を売った金でそのつるを買いとって逃してやった。その晩、金がないから菜っぱ汁でも食べて寝ようと思っていると、戸を叩くものがあり、道に迷ったので一晩泊めてくれと言う。それは美しい娘で、金蔵は驚きながらも招き入れた。翌朝、娘は両手をついて、「嫁にしてくれろ」と言うので嫁にすると、「そんでは、ひとつ布を織るから、出来上がるまでのぞかねでおくやい。七日めの晩には、きっとお気に入りの布を作ってあげます」と言って部屋にとじこもって機《はた》を織り始めた。

七日めの晩に嫁は一反の布を金蔵の前に出して、「これを売って、欲しいものを買ってください、この布は五両には売れます」と言うので、金蔵がその布を町へもっていくと、旦那《だんな》がびっくりして十両で買ってくれて、つぎには十五両で買ってくれると言った。金蔵は帰宅して嫁にむりやり織らせた。嫁は「ほんじゃ、出来上がるまでけっして見ないでおくやい」と言って織り始めたが、金蔵は「そんなに珍しい布をなじょして織るもんだかと思うと、気が気でなくなって、こっそり節穴《ふしあな》からのぞいてびっくりした。丸っ裸のつるが自分の体から一本、また一本、毛を抜いて織っているんだど。『あっ』と声を立ててしまったもんだそうな。その晩おそく機の音が止んで、嫁が布を持って部屋から出てきたとおもったら、金蔵の前にぺたりと坐って、『長い間お世話になり申した。じつは先日助けられたつるで、恩返しに嫁になってきたが、正体見られては、帰らんなね』と言うが早いか、つるの姿になって、月の光の中を飛び立ってしまったど」。つるが二回まわったところが鶴巻田といい、糸をとった川を織機川という。金蔵が出家して寺を建てたのが珍蔵寺で、その寺にはつるの織った曼陀羅《まんだら》が残っているという。（山形県置賜地方）

ことばにしないで別れを味わう

この話は木下順二により「夕鶴」として戯曲化されているので、あまりにも有名だが、われわれのテーマに即して分析してみよう。

この話を一度知ってしまった者には、これはあきらかにつるの恩返しの話であるが、このストーリーの流れのなかに身をおいて、主人公と共に体験してみると、金蔵にとっては、とんとんと戸を叩いて、「一晩泊めておくやい」と言って娘が来たとき、その娘と、昼間の山道でつるを買いとって放してやったこととは結びついていない。「何か働かせてくれれば、一生懸命に働きます」と娘に言われて、「貧乏者の金蔵はよろこんで娘を嫁にした」のである。貧乏な若者にとって、美しい娘が嫁にしてくれと言って現われ、しかも一生懸命働くというのだから、これほどうれしいことはあるまい。この群にまとめられる日本の異類女房の話にとっては、この部分における女房の本性の秘密性は完璧でなければならない。その意味で、この群の話は、第一章でとりあげた三つの群とまったくちがったダイナミックスをもっている。

第一章の「II　夜の来訪者」の日本の話では、来訪者が人間の姿をしているのに、娘と母はその若者が誰であるかをいぶかることから話が展開していく。ところがこの群では、見知らぬ娘であったはずの女房の素姓について、夫は疑問に思うどころか、すこしも考えを及ぼしていない。

嫁が一回めに、機織りのために部屋へとじこもったときには、夫は「のぞかねでおくやい」という妻の願いを守った。しかし二度めにとじこもったとき、夫は好奇心をおさえることができずにのぞいてしまった。だが、そのときの好奇心の方向は、「そんなに珍しい布をなじょして織るもんだかと思うと、気が気でなくなっ」たのであって、例えば「うちの女房は、そもそもいったい何者なのか？」という好奇心ではない。

節穴《ふしあな》からのぞいてみると、つるが自分の毛を抜いて織っている。驚いて夫が声をだしてしまう。そしてその晩、女房は「恩返しに嫁になってきたが、正体見られては、帰らんなね」と言う。そして部屋から出てきて、そう言い終わるまでは女房の姿をしているのである。そしてそう言い終わる「が早いか、つるの姿になって」飛び去ってしまう。

われわれのテーマからするとこの部分はたいへん重要である。金蔵はどうやってその珍しい布を織るのかと思ってのぞいたのではあったが、女房のほうからすると、正体をのぞかれたことになってしまった。

洋の東西を問わず、昔話には多くのタブーが登場する。ヨーロッパの「盗賊婿」とよばれている昔話では、娘たちが盗賊たちから与えられるタブーは、やはり特定の部屋の中をのぞくな、ということである。それでも娘はのぞいてしまうのだが、娘はのぞくことによって自分の運命の予兆を知る。そしてタブーに違反したことがばれて、自分もその部屋の中の死体と同じ運命をたどる。「盗賊婿」の場合には、タブー違反そのものが、盗賊婿への不服従として罰せられる。ところが末娘は知恵によって、のぞいたことがばれないようにしたので、タブー違反を責められない。

ところがこの日本の女房が命じたタブーは、見るという行為を禁じただけではなくて、見ることが、たがいの本質の越えがたい相違をあきらかにしてしまうから、それを防ぐために言われたタブーだったのである。

互いに信頼しあい、愛しあっていた夫婦であろうに、相手に自分の正体を知られてしまったら、もはやいっしょにはいられないとは、人間と動物の区別のなんと厳しいことか。のぞいてしまった夫のほうでも、「つるでもいいからおれのところにいてくれ」とは言わない。妻の去るがままにするのである。夫はこのときどういう気持ちでいたのか、山形のこの話の語り手は語っていない。いや、山形の語り手ばかりでなく、「つる女房」の語り手はどこでもこのときの夫の気持ちを語らないものらしい。日本の昔話としては、むしろ、妻が意外にも自分の毛をむしって高価な布を織ってくれていたことへの夫の熱い感謝の気持ちとか、その妻がつるであるということへの驚きとか、助けたつるの恩返しだったのかという驚きとか、あっというまに飛び去られてしまうことへのさびしさのことは、なにも説明しないほうがよいのだろう。夫のこの複雑な心境と去る女房の心境は、むしろことばにしないで、余韻《よいん》としてひびかせたほうが感動が大きいのであろう。

だがこの終り方は、ヨーロッパ人にはたいへん理解しにくい。わたしは多くの研究者から、「あの話は終っていないのではないか」ときかれる。「女房がつるになって飛び去ったのに、夫はそれを追っていかないのか。日本の夫はなにをしてるんだ」というわけである。

自然な変身

それにしても、ここでもまたつるの変身それ自体について、なにも説明していない。山道で子どもたちに縄をかけられているつるは、野生のつるに見える。そして正体を見られて去るつるも、「月の光の中を飛び立ってしまったど。そのつるが大きく二回廻ったところが、鶴巻田といい……」と語られていて、自然のなかを舞うつるの姿が思い浮かべられる。そんなつるが、いかなる力によって娘の姿に変身して来たり、部屋にとじこもってまたつるの姿になって機を織ったり、正体を見られてからは、ふたたび女房の姿になって部屋から出てきて、夫に別れを「言うが早いか、つるの姿になって」飛んでいったのだろうか。ここでも日本の語り手はつるの変身そのものを、神の力によるとも、魔法の力によるとも説明しない。

じつに自然に、娘になったり、つるになったりしているといえよう。日本の語り手も聞き手も、むしろ、つるが娘になって現われ、つるになって機を織り、また女房になって現われて、正体をみられた以上は、と言ってまたつるになって去る、その変わり身自体に、つるの報恩の心の美しさとあわれさ、奥ゆかしさを感じとっているのではなかろうか。そうであるならば、魔法によるなどと説明する必要はまったくないことはあきらかである。

この「つる女房」の夫は、機織りの仕方を見たいという好奇心にかられて、つい女房の禁令を犯してのぞいてしまい、それによって女房を失う羽目《はめ》におちいってしまった。女房のほうからみても、恩返しと思ってきたのに、のぞかないでくれという自分の禁令を夫が破ったために、別れなければならない羽目におちいったわけで、その複雑に入り混った気持ちが、ことばにならずにこの話を支えていることはあきらかである。別れのこの悲しさを声を大にして語らずに、ただ余韻としてひびかせる終わり方、これは日本の異類婚姻譚の大多数がもつ、文芸的特質であると思う。

ところが一方では、日本人の伝えてきた異類婚の話には、女房が動物であることを知ると、夫が石を投げ込んで傷つけるというすじのものがある。それは「蛙女房」とよばれている。

「蛙女房[2]」

ひとり者のところへ美人が来て、どうしても嫁にしてくれと言うので、男はその美人を嫁にする。しばらくすると女房がいちど家へ帰りたいと言うので、夫はそれなら帰ってこいと言うが、「どうも不思議だと思って、女房が帰るあとを男がつけていった」。すると池があり、「その池の中へ女房が入っていった。じっと後ろからつけていって見よったところが、池の中でガアガアガアガアと蛙が鳴いておった。こりゃ不思議だと思うて、その男が丘から石を投げた」。男が先に帰宅すると、やがて女房が片足をひきずってもどってきた。それで夫がその足はどうしたのかときくと、「人に石を投げられたんじゃ。石を投げられて、こねん足がわるくなったんじゃ」との返事。それで男は、「女房になろういうて来たんは、やっぱり蛙であったということ」がわかり、その女をかえしてしまった。

（兵庫県三原郡三原町）

女房の素姓への疑いと追放

この話にはいろいろな語り方があり、冒頭に、男が蛇の危難から蛙を救ってやるというモティーフがあるものもすくなくない[3]。そうなれば、もちろん動物報恩の話になるのである。しかし類話の数からすれば、報恩としての嫁入りでなく、ひとり者のところへ、美しい娘が突然来るほうが多いとみてよさそうである。それはこの話を終わりまで分析してみれば、むしろ納得のいくことである。

美しい娘が訪ねてきて、嫁にしてくれと言った段階では、男はまだはっきり疑念を抱いていないが、女房が「いちど家へ帰りたい」と言いだすと、「そんなら帰ってこい」と言う。どうも不思議だと思うようになり、女房のあとをつけていくのである。この話は早い段階から女房の素姓に対する疑念が基調となっていることを感じさせる。

語り手によってはこの部分での夫の疑念と、素姓をかくしたいという女房の気持ちを強調して、こんな語り方をしている。山形の語り手である。

「ほしたら、ある日、嫁が『おいらどこい法事があるすけい、やってくらっしゃい』そう、いって頼んだって。『じゃ、のじょうも行って来い』って、そう、いったって。ほして、嫁が一生懸命で仕度してたって。ほしたら、とっつあが『ねらどこで法事なら、俺も一緒に行ぐ』そう、いったって。ほしたら、嫁が、『お前なんて行ってくんないっても、おれひとりでたくさんだ』って、そいで急いで出掛けたって。ほしたら、とっつあが『俺も行ぐすけい、待ってれいや』って、あと追っかけて行ったたって[4]」。

兵庫の話にもどると、男はあとをつけていってみて、疑わしい気持ちがますますばかりである。池があり、そこへ着くと女房が入ってしまったのだから。しかも池の中では蛙が鳴いている。あまりの不思議さに、男は丘から石を投げる。女房が入っていった池の中では蛙がさかんに鳴いているのだから、ひょっとしてあの女房は蛙だったのか、とこのときにはもう、かすかにではあっても感づいていたかもしれない。終わりのほうの語り手のことば、「女房になろういうて来たんは、やっぱり蛙であったと」思って女をかえした、というのを読むと、この段階でほぼ感じたにちがいないと思われるのである。

しかし、女房が帰宅するまで、夫はそのことを確信したわけではない。女房が片足をひきずってもどったのできいてみると、石を投げられたという。ここでいままでの疑念が事実として確認されるのである。女房が蛙であると確認されてしまえば、たちどころに女房は追い出される。

さきにあげた山形の語り手はこう語っている。夫が後を追っていくが女房の姿は見えなくなり、上の原の堤のまわりに、「ぎゃぐ」が並んでいて、まんなかに大ぎゃぐが一匹いて、まわりにたくさんのぎゃぐがおり、声をそろえて鳴いている。夫はおもしろくなって、いたずらしてやろうと思って、堅い土を拾って堤の中へ投げ込む。するとぎゃぐがいっせいに鳴く。夫は「かかの姿も見いねいし、もう、しようがねいんが家い帰ろう」と思って帰る。夕方になって女房がもどってきて、法事の最中に堅い土を投げたいたずら者がいて、法事がめちゃめちゃになったと話す。

これを聞くと夫は「『んな、ほいじゃあ、上の原の堤のぎゃぐだっけか。俺ら、ぎゃぐと一緒にやなってらんね』そう、いって、『出て行ってくれ』って、そういったって。そいで、嫁はしょんぼり出て行ったって」と。堅い土を投げたのはおもしろ半分だったのだが、それが証拠となって女房が蛙であることがわかると、「一緒にやなってらんね」と言って女房を追い出してしまう。

いずれの場合も、早くからうまれた疑念が基調になっていて、それゆえに夫が女房のあとをつけるという行為がうまれる。そして疑念が事実と確認されると、有無をいわせず、人間の側から蛙である女房を追放するのである。

ここで冒頭の部分をふり返ってみると、蛙が報恩として嫁に来たのかどうかについてだが、この話にとっては、その点はじつは本質的に大切な部分ではないのではないかと思われる。この話に対する興味の中心はむしろ、疑わしい女房の素姓をさぐって、本性を発見したら追放する、その点にあるのではなかろうか。動物に対する強い拒否がこの話を成立させているといわざるをえない。

一方、「つる女房」との共通性として現われた重要な点は、ここでも蛙から人間、人間から蛙への変身が、神の力にも、魔法の力にもよらずに実現されているということである。この変身の性質、ないしは変身の把握の仕方が、日本の昔話のひとつの重要な特徴として浮かび上がってくるように思う。

日本の異類婚姻譚にみられるふたつの文芸的特質

日本の動物女房の昔話では、「つる女房」に代表されるような、別れの複雑な気持ちを、ことばにしないで語り収めるものと、「蛙女房」で代表されるような、人間の側からの動物に対する強い拒否で終わるものとがある。

前者の場合の別れの複雑な気持ちとは、女房の側からすれば報恩だと思って女房になってきて、誠心をもって夫に仕え、幸せにしてあげたのに、あれほどの願いを聞きいれずに自分の本体を見てしまったことへの無念さと、おそらくは夫への怒りに近い気持ちがあるだろう。しかし、日本の動物女房は、それを怒りとして表明することはない。それだけに女房の心のなかは複雑であろう。夫の側からすれば、美しい女房であり、自分を幸せにしてくれた女房である。その女房と別れるつもりなどまったくなかった。それなのに、つい好奇心にかられてのぞいたばかりに、いま妻を失わなくてはならなくなったのである。しかも、いまにして思えば、女房はのぞいてくれるなと言っていた。それが別れにつながるようなことと知っていれば、のぞかなかっただろうに。正体を疑ってのぞいたのではないのに、女房は正体を見られたから帰らなくてはならないと言う。夫は悔恨と女房への愛惜の念にかられることであろう。

そうした両方の側からの別れのつらい気持ちがあっても、動物が人間に正体を知られてしまえば、もう共同の生涯はありえない。このきびしい区別。このいろいろな気持ちのこもった別れを、多くのことばを費やさないでさらっと語ってしまって、あとは余韻として残す語り方、それが「つる女房」に代表される話の文芸的特質であろう。これは相当に高度な理解力を要求する文芸であると思う。その意味でこの語り収めをもつ昔話は、いわゆる子ども向きの童話ではないだろうとわたしは思う。

「蛙女房」での人間の動物に対する態度は、はっきりしている。それは前章でとりあげた「猿婿入り」の場合と同じで、動物に対する明確な拒否である。「猿婿入り」の場合のように、その生命をおとさせることはしないが、石を投げ込むという行為は、それにきわめて近いといわなければならない。

このときなぜ人間が動物を拒否しているかといえば、昔話を文芸として読む限りにおいては、信仰の対象としての動物でなく、自然の動物との結婚に対する感覚的拒否とみられる。信仰の対象とみることはできないし、他方、ヨーロッパの動物観のように、じつは魔法をかけられて救いを求めている人間だったのだ、という説明も日本では受け容れられない。そういう状況のなかで、日本の異類婚姻譚がよって立つところの動物観は、日常的、感覚的なものである。そしてとくに動物との結婚ということに対しては、そこで感覚的嫌悪が働いてくるのであろう。日本の昔話をそれとしてそのまま読めば、こうした人間の側の感情に気づかざるをえない。

正体を知られると去る——ゲルマン民族の伝説

ところで、日本の異類女房の話では、ここで扱わなかった「狐女房」や「蛇女房」、「蛤女房」をふくめて、動物である女房が本性を人間である夫に覚《さと》られたら、それで幸せな婚姻が終わるという人間と動物との関係が根底をなしているのだが、女房が動物であるという関係の昔話は、そう多くの民族に分布しているわけでないことはすでに述べた。

一方、異類と人間との結婚で、異類がその正体を覚られて去るというモティーフは、古代ゲルマン民族の民間信仰のなかで、水中に住む精霊とされているニクセと人間との結婚の伝説に、しばしばみられる。

ドイツの詩人ハインリヒ・ハイネは、日本では恋愛詩人としての面がもっともよく知られているが、革命詩人でもあり、また、民俗学的エセーを三編のこしている。そのひとつ、「流刑の神々」は若き日の柳田国男が読んで強い感銘を受けたことが、「不幸なる芸術」のなかに述べられている。柳田は「古代信仰」への目をこれによって開かれたとさえいえよう。もうひとつの「精霊物語」[5]というエセーでは、ゲルマン民族の古来の民間信仰に登場するいろいろな超自然的存在のことを述べているが、そのなかでニクセにふれてこう書いている。「ニクセは人間と恋愛関係をもった場合に、そのことを口外しないよう要求するばかりでなく、自分の素姓や故郷、一族についてたずねないでくれとたのむことが多い。またかれらは人間に自分の本名は言わないで、仮の名だけを明かす」。そしてこんな伝説を紹介している。[6]

「七一一年、フォン・クレーヴェ公のひとり娘、ベアトリクスが生きていたころの話である。かの女の父は死んでしまい、かの女はクレーヴェおよびそのほか多くの国々の女王だった。ある日のこと、この若い城主たる姫はニュムヴェーゲンの城にすわっていた。すばらしい天気で、空気はすんでいた。かの女はライン河をみおろした。するとそこに奇妙なものが目にとまった。一羽の白鳥が河をくだってくる、そして首には黄金の小さい鎖をつけている。その鎖には小舟がつながれていて、白鳥はその小舟をひっぱっているのであった。小舟のなかにはひとりのみめうるわしい男がすわっていて、手には黄金の刀をもっている。わきには、狩りの角笛《つのぶえ》をさげ、指には高価な指輪をはめている。この若い男は岸にとびうつり、姫とながいあいだ話をした。かれは姫の国を守り、敵を追いちらしてやろうと言った。姫はこの若い男がすっかり気にいり、かれに恋心をもやし、夫にえらんだ。しかしかれは姫に言った。『どうかわたしの部族と素姓のことはけっしてたずねないでください。なぜなら、あなたがわたしにそれをおたずねになると、わたしはあなたから別れていかなければならないのです。そしてそうなったらけっして二度と会うことはできないでしょう』。

そしてかれは、自分の名はヘリアスと申しますとつけ加えた。男はまるで巨人のように大きかった。のちにふたりのあいだには数人の子どもができた。しかし数年たったある夜のこと、妻はヘリアスとベッドにねているときに、あの夫の注意にもかかわらずたずねた、『夫よ、あなたはわたしたちの子どもにも、あなたがどこからいらしたのかおっしゃらないのですか』。このことばをきいてヘリアスは、すぐに妻をすて、あの白鳥のひく舟にとびのっていったまま、二度とすがたをあらわさなかった。妻は悩みにやつれ、悲嘆と後悔のためにその年のうちに死んでしまった。けれどもかれは三人の子どもたちには三つの宝物、刀と角笛と指輪を残していったようである。かれの後裔《こうえい》は今でも存命である。そしてクレーヴェの城には高い塔がそびえていて、その尖端には白鳥がついている。ひとはこの塔をあの事件の思い出ぐさに白鳥の塔とよんでいる」。

ヨーロッパの妖精と日本の動物の役割の共通性

もちろん、日本の異類女房の昔話と、ゲルマン民族のこの伝説が互いに伝播《でんぱ》関係をもっているというのではない。わたしがここで注目するのは、素姓が知れてしまったら、人間との婚姻関係を捨てなければならない存在として、日本では動物が想定されており、ヨーロッパの民間信仰では、ニクセ、フランスではフェーとされているということである。ニクセは水の精霊のことで、ツヴェルク（こびと）、トイフェル（悪魔）、ヘクセ（魔女）、ニンフ（海、泉、山、森などに住む自然神の一種）、コーボルト（地の精、家の精）など、一群の自然のなかの精霊のひとりである。

フランス語のフェーも妖精のことで、やはりいろいろな自然の精霊をいう。英語のフェアリーも同じで、さまざまな姿をした自然の精霊をいうのである。それはかならずしも白い衣裳をまとった女性ばかりのことではなく、こびと、巨人などもふくむ概念である。キリスト教の洗礼を受けたヨーロッパ諸民族の民間信仰(7)のなかでは、素姓が知れたら人間との婚姻を捨てなければならないものとして、自然の精霊のひとりであるニクセやフェーを想定していることと、日本人が古くから今にいたるまで、蛇、蛙、鶴、蛤、狐などを想定していることの対比は、日本の昔話の世界の特質を考えていくうえに、ひじょうに重要な手がかりを与えてくれると思う。日本の昔話におけるこの想定、この配役は、日本の昔話の世界が、自然と近いところに造形されていることへのひとつの有力な証左となると考えられるからである。

しかもそこへ先に述べた日本の異類女房譚の特質のひとつ、つまり、動物から人間、人間から動物への変身が神の力や魔法の力をかりずに、自然な成り行きとして実現されていることを考え合わせると、日本の昔話の世界の自然との近さが、ますますはっきり浮かび上がってくるのである。

II　動物が娘の姿で妻になり、正体を暴露されて怒って去る

動物が人間の女性の姿で来て妻となり、もどれないようにされているうちに正体を指摘されて怒り、動物になって去る。この群に該当するものは多くない。そしてこれはつぎのIII群に近い構造をもっている。III群とのちがいのもっとも重要な点は、動物ないし異類の女性が、みずからすすんで男のもとへ来るか、男がその女性をむりに妻にするかということにある。これは大きなちがいと思うので、群を分けて検討することにしよう。

「虎女房」(8)

兄弟で共同に瓜畑をもっていて、毎夜、夜番にいかなければならないが、兄は家族もちなのでいつも弟にさせていた。やがて弟はそれを不公平と思うようになり、十日交代とした。まず弟が十日間の番にでかけた。四晩めに遠くから虎のようなものがかけてくるのが

見えたので、弟は小屋に入って戸の閂をしめた。まもなく戸を叩く音がして、人間の声がしたので弟がのぞいてみると、天女のような美しい女が立っているので、急いで迎え入れた。弟は「近隣の家の娘」とばかり思いこみ、夫婦になった。「女は毎晩やってくると、戸の外で虎の皮を脱ぎ、ひとりの美女に身を変じて走りこみ、彼と談笑する。ときには鹿の肉などを持参して、一緒に煮て食べることもあった」。翌早朝、空がまだ薄暗いうちに彼女は床を離れ、「戸の外でふたたび虎の皮を被ると、またもや原形に復して去る。しかし彼は少しも気がつかなかった」。ひと月以上たっても弟がもどらないので兄が不思議に思い、小屋へ行ってのぞいてみると、弟は美しい娘と楽しく談笑していた。兄は「戸口の外の自分の足もとに、一枚の虎の皮がおかれているのを見つけた。『隣近所にはあんな娘はいない。これはてっきり虎の化け物だ』、彼はそう考えると、こっそり虎の皮を拾って家に戻り、それを祖先を祀る家の仏壇に隠した」。

　翌日の朝、娘が帰ろうとすると、戸外の皮がないので娘は若者にくってかかるが、若者はなんのことかわからない。「『いったい、どんなものなんだ。はっきりいってくれれば、おれが買ってきてやるよ』。『買えないものなのよ。買えないものなのよ』。彼女は焦っても行き場がなく、ただ地《じ》団駄《だんだ》を踏むばかり。しかし皮一枚はおろか、毛一本すらなくなっているのだ。やがて彼がいった。『家へ帰って探してみよう。それに、あんたとは夫婦になったことだし、うちの兄貴も嫂さんも、まだあんたに会ってはいないのだから』」。彼女は夫について家に帰るよりほかはなかった。

　ふたりが家に帰ると兄が虎の皮を拾ったときの様子を、弟にこっそり話してくれて、「その皮はおれがちゃんと家の仏壇においてあるが、娘にくれてやるわけにはいかない。娘にくれてやると、あいつは元のすがたになって出てゆくだろう」と言った。妻はなんでもよくできて、家の者に好かれ、一男二女も生まれた。しかし子どもたちは大きくなって伯父や伯母、従兄弟などから「お前たちのお母さんは虎の精だよ」と言われ、帰宅して母に、「『お母さん、よその人はお母さんが虎の精だ、虎の化けたものだといってるよ。よそはみんなお祖母ちゃんがいるのに、うちらにはないんだもん』。彼女はこれを聞くと、カッとなって跳び上がった。……それからというもの、彼女は毎日のように夫といがみあうのだ。『あたし出てゆくわ。ここにはもう住めなくなったわ。あたしの着るものを早く還《かえ》してよ』」。

　夫は兄に相談して言った。「一男二女も生まれたんだから、あいつを出てゆかそうや。おれ、まったく附《つ》き纏《まと》われてうんざりしてるんだ」。兄が彼女の皮を出して還してやると、彼女は「すぐさまこれを身に着け、地面に一回転するなり、たちまち一頭の斑《まだら》の猛虎に変じた」。そして虎は兄の女房とそのふたりの子を大口をあけて食って門から出ていった。

（中国）

「天人女房」との構造的類似

かなり長い話なのだが、弟のところへ虎が娘の姿で来たのは、弟が呼んだわけではないし、弟に恩義があったからでもない。強《し》いていえば、兄の分まで畑の夜番をしていた親切に対する報い、と考えられないこともない。しかしそれとても推測であって、この話としては報恩譚でないことはあきらかである。

戸を叩くのが娘であることを知って迎え入れたとき、弟はそれが先刻走るのが見えた虎だとは気がついていない。そればかりか夫婦になり、毎晩訪ねてきては朝早く帰っていく生活をしていても、弟は妻の正体に気づいていない。そして近隣の家の娘だろうと思うだけで、その先の詮索《せんさく》をしていない。この段階では妻の素姓の秘密性は保たれている。

弟がなんの予感もなく、妻と楽しくふたりの時間をもっているあいだに、妻の素姓の秘密は兄によって気づかれてしまう。兄は皮を拾ってすぐに、「これはてっきり虎の化け物だ」と感じ、家へもちかえって仏壇に隠している。このとき注目に値するのは、「虎の化け物」と気づきながら、その場で小屋の中へ突入してその化け物を倒すとか、すくなくとも弟に警告を発して、化け物から逃れるようにする、などという行為をしていないことである。そして皮を隠すのは仏壇であることも注目を要する。これは仏壇と訳されているが、訳者、澤田瑞穂の注によれば、「原文『家堂』。家祠、家廟ともいう。一族の祖先の位牌を安置して祭礼をする祠堂。ただし通常の居室内に神棚や仏壇のように構えたものを家堂と称することもある」ということである。

そこに隠したということは、虎の皮への一種の神聖視があったからであろう。もしそれをほんとうに「化け物」の皮とみていたら、まさか先祖の位牌と共におくことはしないで、物置か、屋根裏あたりに隠すのではなかろうか。このことは、つぎの群であつかう「天人女房」において、男が羽衣を穀倉や天井、大黒柱、おひつのなかに隠すのと近いと思う。羽衣への神聖視があったために、物置ではなく、大切な穀物を保存しておく穀倉の中の稲の下に隠したのであろうから。

翌朝、皮がないので妻が夫を責める。夫はなにがなくなったのかわからない。そして、しまいに妻が、なくなったのは皮であることを言ったのかどうか、さだかではない。夫は「家へ帰って探してみよう」と言った。つまりこのときに、なくなったのは妻が戸外に脱いでおいた皮であることがわかったと考えるのが自然であろう。それでも夫は、そんなあやしい妻に対して不気味とも思わず、いわんやそれなら出ていけ、と追い払うこともしない。それどころか、逆に、兄貴や嫂に引きあわせるために家へ連れ帰ろうとするのである。それで妻は、夫について家に帰るよりほかはなかったということになる。

ここにいたって、この話はじつは「天人女房」のあの、「羽衣」をめぐるモティーフとひじょうに近いことがはっきりした。「天人女房」では、天人の衣を取った男自身が天人を妻としている。そして妻とする場所ははじめから男の住まいである。それに対して中国のこの

「虎女房」では、皮を取る者と娘を妻にする者が別人であり、娘はまず妻になってしまっていて、そのあとで兄が皮を取ることになっている。そしてここでも、皮を取られたために妻はやむなく夫の家へ行く羽目《はめ》になるのだが、「天人女房」に比してここでは、夫婦になってからやむなく実家へ行くことになっている。つまり「虎女房」は人物が複数化されているが、構造としては「天人女房」と同じと考えてよいだろう。

兄は帰宅した弟に皮を拾った件を話すが、「娘にくれてやると、あいつはもとのすがたになって出てゆくだろう。やつを家におくようにするんだ。どうせお前も女房がないことだし、あんな綺麗《きれい》な娘っ子、どこの村へ行っても見つけられるもんじゃないぜ」と言う。女房をひきとめておくがいいという意見なのである。「化け物」だと気づいたとき、それを倒そうとも追い払おうともしなかったが、いま、弟がその「化け物」を連れてもどってきても追い払おうとしないばかりか、綺麗な子だから家におくようにしたらいい、との意見なのである。

弟もいやではない。そして妻は家事一切がよくできたので、家じゅうの者から好かれる。そして子どもも三人生まれる。

ここまでのところを骨組みだけにすると、それが虎の化け物であると知りつつ、皮をかくすことによって妻をむりに家に引き留め、子が生まれるということである。すると、ここまでのところは「天人女房」とほぼ同じであり、Iでみた「つる女房」や「蛙女房」とはまったく異なることがよくわかる。また女房の側からみても、「つる女房」などでは、女房は正体を知られたとなるとすぐに立ち去っているのに対して、この「虎女房」では、皮がなくなった一件によって夫にも兄にも、女房が虎の化身であることが知られてしまったのに、女房は立ち去ることをしない。同じ異類女房の話でも、「天人女房」および「虎女房」と「つる女房」および「蛙女房」とでは、その関係がまったく別物であることがわかる。

夫にとって別れは悲しいものではない

さて中国の「虎女房」でも「素姓」は重要な役割を果たしている。すなわち、成長した子どもたちは、親戚の者たちから、「お母さんは虎の精だよ」と聞かされる。そして母にそれを確かめると、母は「カッとなって跳び上がった」。そして、それからというもの、妻は夫といつもいがみあうようになったのである。

夫は妻が虎の化け物であることを知っていたのだから、正体をばらすのは第三者ということになる。ここも「蛙女房」の群とはまったく異なる部分である。夫にしてみれば、虎の化け物ではあっても美人だし、家事もよくできるのだから、ここで第三者に妻の正体がばらされてしまったことは、腹立たしいことにちがいない。

正体をばらされたときの母の反応は激しい。「カッとなって跳び上がった」というのである。そしてそれ以来夫といがみあうようになる。日本の「蛙女房」や「つる女房」での女房の反応の仕方とはまったくちがっている。日本のそれらの昔話の項で、終結部における夫や女房たちの悲しさ、別れのつらさが文芸的魅力の中心になっていることを述べたが、この中国の「虎女房」とくらべてみると、そのことがいっそうあきらかになるのである。日本の場合の、あの消えいるような異類女房と、この中国の「虎女房」とでは、たいへんなちがいである。

「こうして彼女は日ごと夜ごとに煩《うるさ》くいう。夫はまったくやりきれなくなり、兄貴に相談を」する。そして「附《つ》き纏《まと》われてうんざりしてる」ので、「あいつを出てゆかそうや」ということになる。そして兄が皮を出して彼女に渡す。

つまり、ここでは妻のほうでも「着るものを早く還《かえ》してよ」と言ってはいるが、そこにはまだ夫と兄の相談があり、その相談の上で、皮を還してやることが決定されたのである。その決定の理由は、子どももできたし、「附き纏われてうんざりして」いるからなのである。そに、妻の意志だけで姿を消した。また、この群に該当すると思われる日本の「天人女房」でも、妻は羽衣を再発見すると夫の決定を待つまでもなく、即座に、妻の意志だけで天へもどっていってしまう。夫はさびしさをかみしめるだけなのである。

「天人女房」の場合にはあとでみるように、羽衣の再発見によって、「つる女房」の場合は夫に正体を知られたことによって、女房は即座に去る。その別れをめぐっての双方の複雑な気持ちが口伝えのこれらの文芸の魅力の重要な部分をつくっている、ということが、「虎女房」を読むことによっていっそうはっきりしてきたのではないだろうか。

「虎女房」において弟が兄に相談し、「うんざりしてるんだ」といって兄の同意を求め、兄が「それもよかろう」と言って皮を出して渡すという語り方は、いうなれば、人間のほうからみてもこの別れがもはや悲しい別れではないことを強調している。それに対して別れについての日本の昔話の語り方のちがいは、日本の昔話のひとつの特徴をよく示しているように思う。大げさな言い方になるが、この別れの美学は日本の口伝えの昔話のひとつの大きな特徴といってよいだろう。

魔術によらない変身

「虎女房」を終わりまで読んでおこう。妻は皮を受け取ると、「すぐさまこれを身に着け、地面に一回転するなり、たちまち一頭の斑《まだら》の猛虎に変じた」。そして兄の妻とふたりの子を食い殺して去るというのだが、この変身は、一回転というところになにか魔術的なにおいが感じられはするが、しかし明瞭に魔術による変身とは説明されていない。特別な魔術によらない変身はじつは冒頭にもあった。遠くを駆けてくるのが虎だと思って小屋に逃げ込んだが、戸を叩いたのは美しい娘であった。この変身を語り手はすこしも説明していない。しかも、すでに述べたとおり、兄は虎の化け物だと気づきながらなにもしていない。これらのことを考えあわせると、この中国の異類婚の昔話においても、魔法という概念を使わずに変身がおこなわれていることがわかる。そして最後に虎が兄の妻と子どもたちを食い殺して去ったという語り方を読むと、ここで虎はたちまち野生の虎と考えられていることがわかる。人間の女性に変身した不思議な虎が、この瞬間に野生の虎に変質したところに、この中国の昔話の独特な文芸性が感じられるのである。

III 動物が娘の姿をしているとき、むりに妻にされる

動物あるいは異類のものが人間の女性の姿をしているとき、むりに妻にされるという発端をもつ話としてすぐ頭に浮かぶのは、日本でいえば「天人女房」、ヨーロッパでいえば「白鳥の乙女」である。

「天人女房(9)」

炭焼きが炭を焼いていると、美しいお姫さんがそこを通ったので、どうするのかと見ていると、きれいな天の羽衣というものを堤の木にかけて水浴びを始めた。炭焼きはできごころでその天の羽衣が欲しくなり、それを盗んで家へ帰った。お姫さんは水から上がってみて羽衣がないので、煙の出ている炭焼きおやじの家へききにいく。羽衣をなくしてしま

ったので、おまえさんの目にかかって拾ってきたのではないかと思ってきに来たと言うが、炭焼きは拾いもせんし見もせんと言う。お姫さんは、「ほんならまあ、ないでしかたがない。ないて言われえもんならしかたがないが、ここには奥さんもないしこだけん、わしをここの嫁にしてごさっしゃらんか」と言う。

炭焼きは、ここは貧乏だから無理な話と思うと言ったが、娘が「どげな貧乏なとこでも食べものがのうても、ここで暮らさせてさえもらえばいいわけだけん、どげぞここの、おまえさんの嫁にしてごさっしゃい」と言うので嫁さんにもらった。やがて男の子が生まれ、てっぱちと名づけた。てっぱちは大きくなると、「神さんの子だけん」羽衣を見つけ出いて、母に見せる。母がどこに隠してあったかときくと、自在鉤《じざいかぎ》の中にあったとのこと。それで母は、自分は天の人間だが、これがないために天へ上がることができなかったのだと説明する。そして晩に夫がもどるのを待ち、夫に、てっぱちがこういうものを出してきたので、「こうでいとまをつけて、あしたは天へ上がらか思うけん」と言う。夫は「自分が隠いちょったもんだけんしかたがないだけん、と涙ながらに『ま、ほんなら帰えか』」と言うばかり。妻は、あなたも来たければ門先へほおの木を植えておいてあげるから、毎日上酒を一斗ずつ七日間やればその木が天にとどく。それを登ってこいと言い、てっぱちをこわきにかかえて「天の羽衣をかけて、ひらりひらりと、こう、ずっとかなたの空へ上がって」見えなくなった。

夫はほおの木に毎日一斗ずつ上酒をやるが六日間でやめ、早く天へ上がりたくて登り始めた。しかし七日めの酒をやってなかったので木は天までとどいておらず、やむなくてっぱちの名を呼ぶと、てっぱちが気づいて天から長い布をぶらさげてひき上げてくれた。妻は、姑にどんなにむずかしいことを言われても、「もういやだ」と言わなければ天で暮らせると言う。翌朝起きて夫がなにをしましょうかときくと、八斗の粟を八反の畑に播《ま》いてこいと言われた。三うねほど切ると昼になってしまう。そこへ妻が弁当を持ってきてくれて、弁当を食べていなさいと言い、そのあいだに自分で八斗の粟を八反の畑に播いてくれる。翌日、夫は前日播いた粟をひと粒残らず拾ってますに入れろと言われた。

　畑で困っていると妻が弁当を持ってきてくれて、昼休みのあいだに笛で鳥を何千羽と集めて、粟を全部集めてくれた。翌日、夫は川向こうで西瓜や瓜の草を取ってこいと言われた。出がけに妻から、ひとつでも食べてはいけないと言われるが、瓜があまりりっぱに熟しているのでひとつ食べると、たちまち大水が出た。弁当を持ってきた妻は川を渡ることができず、「月の七日、七日に会わやねえ」と叫ぶが、夫はよく聞けず、「七月七日に会わぞやあ」と言ったので、一年にいっぺんしか会えなくなった。

（島根県八束郡）

妻は羽衣を発見するとすぐに去る決心をする

この話は「羽衣」として日本人なら知らない人はいないだろうが、それだけに部分的変化も多い。この島根県の話は女性の語り手によって肉付き豊かにたっぷり語られている。天女の呼び方がはじめはお姫さんで、天へもどる段になってやっと、天人と呼びかえられている。羽衣がかくされている場所がここでは自在鉤《じざいかぎ》の中とされているが、穀物や大切なものを保存しておく場所に隠されていたという語り方も多い[10]。家の中の大切な場所であることはまずまちがいない。

天人がひとりで現われるというのも、世間に知られている話とちがうところだろう。しかし、われわれのテーマからすると、それはあまり気にならない要素である。

この語り手はそもそもこの炭焼きがお姫さん（とここで言われている天人）と天の羽衣を見たときの驚き、あるいは好奇心について語っていない。炭焼きが、山の中でこんなに美しい姫に出会いながら、そも何者ぞ、と考え込んだふうもない。伝説ならば、山中のこの出会い自体に関心が集中し、その不思議さ自体が伝説の伝えるべき主題になるところだが、昔話ではそうではない。このことはマックス・リュティの理論のなかですでに解明されている[11]。

炭焼きがそんなものは「拾いもせんし見もせん」と言うので、姫は「ほんならまあ、ないでしかたがない。……わしをここの嫁にしてごさっしゃらんか」と頼んでいる。そして炭焼きのほうで自分は貧しいからと言うのに、「暮らさせてさえもらえばいいわけだけん」と、たいへんへりくだった言い方になっている。この語り手は、炭焼きが羽衣をかくすことによって強引に姫を嫁とした、という語り方をしていないわけである。動物報恩譚で動物が女性の姿になって貧しい男のもとにきた場合や、炭焼きのもとへ長者の娘が占いに従って嫁入りするときのように、貧しくてもいいから嫁にしてくれと頼んでいる。見方によっては、天へ帰ることができなくなった天人のあわれな姿の強調といえるかもしれないが、むしろ日本の女性の語り手のへりくだった気持ちが、こう語らせたのではないかとわたしは思う。

妻となった天人は、数年後に自分の子どもが天の羽衣を見つけだしてきたとき、子どもには初めて自分の素姓を明かす。そして同時に「さあ、ほんなら、おまえとこうから天へ上があだけん」と子どもに言う。そして夫の帰りを待って夫のもとを去っていく。自分を地上に引き留めていた原因——羽衣の紛失——が解除されたときは、ただちに天へもどるときである。この部分はさきにみた中国の「虎女房」とたいへんちがうところである。「虎女房」では、女房は素姓を言われて怒り、いがみ合いの日がつづき、皮を夫に要求し、しまいに夫が「うんざり」して兄に相談し、兄が承知して皮を出してくれたとなっていた。日本の天人は自分で即座に決心している。

それでも夕方になって、夫がもどってくるまで待つやさしさを持っている。夫のほうは妻の決意を伝えられて、「自分が隠いちょったもんだけんしかたがないだけん、と涙ながらに、『ま、ほんなら帰ええか』」と言うだけである。夫は「虎女房」の場合のようにうんざりしてはいない。そもそも、この夫婦はいがみあったりしていないのである。それなのに羽衣が見つかった以上、妻は天へ帰りたい気持ちをおさえることはできない。「羽衣は見つかったけれど、子どももできたことだし、住めば都だからここにいることにしたわ」とはけっしてならない。「蛙女房」や「つる女房」において、素姓がわかってしまったらけっして人間の夫のもとに留まることができないのと同じ強さで、「天人女房」も羽衣を再発見したからには天へ帰らなくてはならないのである。動物の場合に、その本来所属する族からの牽引《けんいん》力が強かったのと同じように、天人についても、天界からの牽引力は強いのである。

妻は夫のもとを去る。日本の「蛙女房」でも「つる女房」でも、すでにみたように、妻の素姓が知れた段階で妻が去って、話はそれで終わっている。そしてわたしは、その別れに際しての妻の心のうち、夫の心のうちにあるさまざまな思い、別れのさびしさを基調としたさまざまな思いを余韻《よいん》として残すところに、日本の昔話のひとつの文芸的特質があると述べたが、「天人女房」では、羽衣を発見して天に帰る、その別れは様子がちがう。妻は、「門先へほおの木を植えておいてあげえけん、このほおの木に毎日毎日上酒を一斗わて、七斗の酒を毎朝ついでさっしゃあと、そげすうと天へそのほおの木が届きますけん。で、このほおの木に登って天へ上がってごさっしゃい」と言い残していくのである。そしてこのことから夫の「妻探索行」の物語が始まる。

妻を探索にいく話

ヨーロッパのこの型の話は、アールネ＝トムソンの『昔話のタイプ』[12]では、AT400番という番号が与えられているが、その型の名称は「失った妻を捜しにいく男」となっていて、副題的に「魔法の物または動物の援助（しばしば導入部として白鳥乙女）」と書かれている。つまり、ヨーロッパの類話では、白鳥の乙女との出会いと結婚生活は、「失った妻を捜しにいく男」のひとつの導入部と考えられているのである。そして話のすじの主要部分は、「妻を捜しにいく」ことのほうにおかれている。夫による妻捜しの冒険譚のほうに重点がおかれているのである。日本の昔話は比較的短いものが多いという指摘がときにあるが、それは別れをもって昔話の完結とする日本人の文芸意識と関係があると思う。「天人女房」は日本の異類女房譚のうちで、その「妻探索行」をもっている珍しい例である。その点から考えて、「天人女房」は日本の他の異類女房譚とは異なる成立の仕方をしているものと思われる。「天人女房」の成立史には独自の大きな研究が必要とされるので、ここでは昔話の構成からみたこの推測にとどめておこう。

天は板の床、天人は農民的——水準化作用

さて、上酒をそそぐのが一斗足りなかったために、夫の天登りは危うく失敗するところだが、息子が天から長い布をぶらさげてくれたので、やっとのことで天に到達できる。このあ

たりの語り方は、天をなにか板の上にでも乗ったような様子に描いていたり、「長い布」をぶらさげて父を助け上げたり、きわめて素朴な方法と素朴な光景を描いている。きまじめな意味でいう「天」とか「天国」というイメージとはまるでちがっている。これも昔話のひとつの特徴で、わたしはこれを、天という本来神聖な観念を、日本の昔話は好んで日常的レベルにおろして語る、と言っていいと思っている。そういう意味で日本の昔話のもつ「水準化作用[13]」のひとつのあらわれであると思う。天のこうした描き方は本章の主題からはずれるようにみえるが、「語り方」という点で、異類譚の特質と同じ根から出ていると思う。

　人間と異類との関係というわれわれのテーマからすると、いま述べた、終結部で別れをもって終わるという点が、ひとつ重要な特質なのだが、さらに、この炭焼きとお姫さんとよばれた天人の関係をふりかえってみる。これまで各部分について述べてきたように、男はお姫さんをみかけてもそれがいかなる種類の人間かの詮索《せんさく》をしていないし、天の羽衣を見ても、「あんまりきれいなもんだ」から盗って帰っただけのことである。妻が羽衣を再発見して、天に帰ると夫に伝えたときにも夫は、「ま、ほんなら帰ええか」と言うだけで、妻が天人であったことに驚いていない。「竹取物語」における翁の嘆きとはまったく異なるのである。

　そしてこの炭焼きの物語の語り手は、妻がてっぱちをこわきにかかえて、ひらりひらりと天へ舞い昇っていくとき、それが天の神の力によるとも言わず、いわんや魔術によるとも言っていない。夫の驚きも語られていない。「蛙女房」「つる女房」で女房の変身について神の力の助けも魔法の力の助けもかりなかったのと同様、人間としての生活をやめて天へ帰っていく天人について、その力の由来をなにも語らないのである。

ただこの語り手は、天に昇ってしまってからの妻については、夫の難題遂行を助ける場面で、「神さんのさっしゃあことだだけん、すぐその八斗の粟を八反の畑に播《ま》いて」しまったと語っているだけである。それでもこのお姫さんは、粟畑にいる夫に「弁当」を持ってきてやっている。きわめて農民的な天人なのである。語り伝えてきた農民たちの姿が、そこに強く反映しているということができよう。

天の羽衣も、天人として天へ昇ることも、天での夫への援助の仕方も、農民の日常生活を強く反映させた語り方をするという特質、もっと言えば農民の日常生活の感覚で語るという特質、それをわたしは「水準化作用」と呼んでいいと思っている。その意味で、上述の天の描き方にみられる特質は、そのまま異類婚における異類の描き方、つまり本来田の神であったかもしれない猿を野生の猿の如く扱う、その描き方にもつながっていると思うのである。

日本の異類婚の昔話は別れを好む

天で与えられた難題を、(難題の提出者のことをこの語り手ははっきり述べていないが、前後の関係と類話から推すとそれは妻の、天における父親であることが多い)妻の援助によって夫がかろうじて解決していくが、最後に夫は妻の言いつけを守らず、瓜をひとつつまみ食いしてしまう。それによって大水が出て妻と夫は別れ別れになる。妻が「月の七日、七日に会わやねえ」と言ったのを夫が、「七月七日に会わぞやあ」と答えたため、一年に一度しか会えなくなったという。日本にひろくみられる類話では、この夫と妻は星になり、一年に一度、七夕のときにしか会えないと語ることが多い。

ここでまた、われわれは「別れ」に出会う。さきに、妻が羽衣をふたたび手に入れて天にもどったときの別れには、つぎの探索行への糸口が妻によって与えられた。しかしここでの別れは避けがたく、年に一度しか会えないことになる。ヨーロッパのこの型では「妻探索行」の部分が主要部分になると述べたが、その場合には、妻をさぐりあて、求婚者テストらしきものに合格して、めでたく妻と正式に結婚した、めでたし、といって語り終わるのがほとんどである。ところがここでみるように、「天人女房」では、一度めの別れはうまく「妻探索行」に結びつけているものの、終結部では、ついに一年に一度しか会えない別れを語っているのである。日本の昔話全体をみると、もちろん「めでたく結婚した」という語り収めの話型もたくさんあるのだが、異類との結婚の話においては、別れをもって語り収めることがかくも優勢であるという事実は、日本の昔話の世界を考えるうえで、見逃すことのできない重要なことだと思う。

さて、わたしが異類女房のIII群とするものに、エスキモーの話がある。

「人間の妻になった鴨(14)」

ひとり息子が母に嫁をもらえとすすめられても、なかなかもらわなかった。ある日、息子がカヤックに乗って猟にでかけ、川をのぼっていったが獲物はなかった。幾日ものぼるうち、ある朝、河原に上陸して歩きだすと、日暮れころに、裸の娘たちがかくれんぼをしているのを見つけた。若者はそのうちの一番美しい娘に心をひかれた。ちょうどその娘がこちらへ駆けてきたので、とびかかってつかまえた。「『放して』と、娘は言った。『だめだ。きみはもうぼくの女房だ』――『放して。あたし、体が冷たいの』――『だめ、だめ。毛皮の下着をやるよ。そうすればもう冷たくはなくなる』――『そんなもの、いらないわ』。

そう娘は言ったが、若者はおかまいなく娘をつかまえて、カヤックのところへ連れていった。『腹がへったな』と、若者が言うと、『あたしもよ』と、娘は答えた。『よし』と、若者は話をつづけた、『それじゃあ、あざらしの肉を少しあげよう』――『そういう食べものは知らないの』」。

若者があざらしの肉をすすめても娘はそれに手も触れないが、ふたりはその夜そこで眠り、翌日、若者が娘をカヤックに乗せて家へ連れ帰った。家では母親が、息子が嫁を連れてもどったことを喜ぶ。しかし娘は肉を食べず、みなが寝静まってからひと山の草を摘んで食べた。妻は年がたつとともに息子と娘を生んだが、それでも草しか食べないので、

「老母が言った、『いつも草ばかり食べるなんて、おかしな子ね。あんたは鴨なの？』娘はそれを聞いてたいそうおこり、泣きながら家にはいって、ふたりの子どもに着物を着せると、子どもたちを連れて出ていった。」夫が晩になって帰ってくると妻も子もいない。老母にきくと、逃げたのかもしれないとのこと。若い夫は「母親に腹を立てて言った、『変なことを言ったんで逃げたんだ。ぼくはもう、家にいたくない』」。

老母は泣くが若い夫はかまわず、翌朝、妻の足跡をたどって捜しにいく。途中に小屋があり、たき火のあとがあるが妻の姿はなかった。一軒の家にいた男におのを与えると、妻の行った道を教えてくれる。つぎの家ではあざらしの皮のズボン、三番めの家では毛皮のマントを与えて道を教わった。三番めの家の男には追うのをやめろと言われるが、教わったとおり大きな湖まで行った。しかし、カヤックもおのもなくて渡れず、疲労で死ぬよりほか道がないかと思って、眠りこんでしまうと、だれかに足を引っぱられた。

「それは赤ぎつねだった。若者は起きてすわった。きつねはずきんをはねのけると、人間の姿に変わって」どこから来たのかときいた。若い夫がわけを話すと、きつねが、向こうに見える大きな山に登らなければならない、と教えてくれる。途中にエスキモーの死体があるが、一瞬も立ち止まらず頂上をめざさなくてはいけない。大きな集落のなかの一番大きな家に妻が住んでいるとのこと。赤ぎつねがその山のふもとまで若い夫を運んでくれた。そして足の痛みに耐えながら、やっとの思いで山の頂上に着くと、たしかに集落がある。一番大きな家の方へ行ってみるとふたりの男が出てきたので、柳の木の枝をもってとびかかり、首すじの上をなぐりつけて殺して埋めた。

その家へ行くと少年が出てきて、「お母さん、お父さんが来たよ」と叫んだ。母がそんなはずはないと言って出てこないので、若い夫が中へ入っていく。そして妻に向かって、家のそばの川をさかのぼって追ってきたのだと言うが、妻は、「エスキモーがここへこられるわけがないわ。……ここはあたしの国、鴨の国よ。あんたは別の人で、あたしの夫じゃないと思うわ」と言ってゆずらない。そこで夫がここへ到達するまでの苦労を話してきかせると、やっと妻は夫の言うことを信用した。

「そのとき、妻の老母が言った、『おまえの夫はおなかがすいていて、なにか食べたいんじゃないのかい』。妻は外へ出て、食べもの――木いちごと小さな魚を二、三匹――を持ってきた。彼らは鴨だったから、あざらしやとなかいの肉がなかったのである。夫はこういう食べものには慣れていなかったので、ほんのわずかしか食べなかった」。

しかし食べたふりをしてそこにとどまる。妻の父はここにはあざらしでもやなぎでも、なんでもたくさんあると言う。若い夫が妻の一族と暮らすうちに、あるときエスキモー鴨の大群の襲来があり、ただひとりの人間である若い夫は、杖で毎日たくさんの敵を倒した。その数羽をうちに持ち帰り、姑に、腹がへっているから料理してくれとたのむが、姑には、「いいえ、だめですよ。こういう肉をあたしたちは食べないの。料理したくないわね」と断わられてしまった。それでもとたのむと、戸外で料理してくれた。妻がふたりめの息子を生むと、夫は息子と娘を残し、妻と赤ん坊を連れて去った。「たぶん、もう二度ともどってはこないでしょう。道は遠いですからね」と言って。

（エスキモー）

本性を指摘されると怒って去る――日本の女房とのちがい

この昔話を読んでまっさきに気づくことは、食べもののちがいによる異種族性の表現であろう。それはじつに明確に人間と鴨とのちがいを表現している。そのほかの点では、人間と鴨のちがいがどこにもみられないだけに、食物のちがいはじつに明確に浮き上がってみえるのである。だが話の流れに従ってみていこう。

若者が裸の娘たちを見つけたとき、「こんな娘たちを見たことはなかったぞ」と思いつつも、美しい娘が気にいってつかまえる。化け物かもしれないと思って逃げていったりはしない。それは昔話が民族の差異を越えてもっている特徴――一次元性――であることはすでに述べた。ところで、若者がこの娘を自分のもとに妻としてとどめえたのは何によるのだろう。羽衣を奪ったというモティーフはここにはない。エスキモーの他の類話をみることができると、あるいは裸の娘の脱いだ羽根の着物が話題になっている話があるのかもしれない。

しかしこの話に限ってみると、衣を奪うことによってではなく、逆に、毛皮の下着を着せて冷たい体をあたためてやることによって、自分のもとに引きとめておいた、ということができよう。そうなっても、食べものについては拒否反応があることはすでに述べた。家に着いてからさえ、草を摘んで食べていたのである。いつまでも草を食べていたというのは、「天人女房」において、衣をかくされてしまった妻が、いつもいつもその衣のことを思って暮らしていたのと同じ性質のことであろう。

そして妻が夫のもとを去る直接の動機は、姑が「あんたは鴨なの？」と言ったことにある。これは妻にとっては素姓が暴露されたことになる。夫はまだ妻が鴨であることを知ったわけではないし、姑もそうと知って言ったのではないかもしれない。しかし妻にとっては素姓の暴露にちがいない。そして素姓を暴露された妻は、日本の「つる女房」や「蛙女房」とはちがって、「たいそうおこり、泣きながら家にはいって」しまい、すぐに子どもたちを連れて家を出てしまう。感情の動きと行動とが、日本の異類女房よりも激しく、線が太い。

求婚者テスト

若い夫は母の言動に腹をたてて、妻探索の旅に出る。日本の「天人女房」では女房が、自分のところへ到達するための方法を言い残していってくれたが、エスキモーの妻は、上述のように断乎《だんこ》としてすぐに出ていってしまったため、なにも言い残してはくれない。そのかわり妻の足跡が夫を導いてくれる。

妻の足跡を追うのはたいへん困難な旅である。おの、あざらしの皮のズボン、毛皮のマントを代償としなければ妻の行方を知ることはできない。この部分は、「天人女房」でいえば、ほおの木に毎日一斗ずつの上酒を七日間そそぎ、それをつたって天に昇るという、あの冒険の部分にあたる。それは妻求めの一種の試練なのである。

赤ぎつねが現われて、妻が向こうの山にいること、途中に死体があっても立ち止まってはいけないことなどを言ってくれる。ヨーロッパの昔話において、主人公の冒険の途中で忠告をくれる老人が現われることは、大きな特徴となっている。それはマックス・リュティの指摘をまつまでもなく、多くの話型にみられることであるが、[15]エスキモーのこの異類婚は、風変りな装いではあるが、この点でも、ヨーロッパでいうメルヒェンの範疇《はんちゅう》に入る性質をもっている。

妻の国に着いてみると、妻はなかなか夫を認めてくれない。「天人女房」において、妻が自分のいる天への到達方法を言い残し、天では息子が長い布をたらして、父を寸足らずのほおの木から助け上げてくれたのとは大ちがいである。しかし、妻の周辺に、父親をはじめ親族らしき者がいることなどは、「天人女房」やヨーロッパの、この型の話とけっして無縁のものではないだろうことを想像させる。父親が「ときには、よその人間がわれわれを攻めにくることがある。だからわれわれはいつも注意を払っていなければならないのだ」と言い、やがてエスキモー鴨の大群の襲来があり、夫がたくさんの敵を倒すというくだりは、鴨の国における夫の、いわば求婚者テストと考えられる。それは課題として語られていないが、ここで父が登場し、父の言った戦いを若い夫が戦って勝つというこのモティーフは、「天人女房」にもヨーロッパのこの型にもある求婚者テストと同じ「役割」[16]を、この話のなかでもっているということができる。

若い夫はしばらく妻の国にとどまるが、やがて妻と赤子を連れて国へ帰ったという。ここでのハッピーエンドは、夫と妻が一時的には別れたものの、苦難の末に再会し、夫婦となって暮らすことになったということにある。インドネシアの「ママヌアとウランセンドウ」[17]などにはみられるが、日本の異類婚では「たにし息子」を除いてはどの型にもみられなかった語り収めである。

この話の各部分と話の構造は、日本の「天人女房」やヨーロッパのAT400といわれる型の話とほとんど同一であることについて述べてきた。構造的類似の問題は、それだけを論じても大きな論文になるような事がらなので、ここではあまりふれないが、興味のある読者には、注(16)にあげたウラジーミル・プロップの『民話の形態学』と、マックス・リュティの『ヨーロッパの昔話――その形式と本質』の付録「昔話の構造主義的研究」をおすすめする。

動物女房のほうから拒否する

さて、われわれのテーマとする人間と動物の関係という視点で、この話をもう一度ふり返ってみるとどうなるだろうか。

若い夫は裸の美しい娘を妻とし、妻に逃げられてその足跡を追うまで、妻が鴨であるとは知らなかったであろう。足跡を追ううちに、「足の一本に、鴨のような水かきがついている」のを発見してはじめて、妻は鴨なのかもしれないと気づいた。しかしそう気づいたからといって、「鴨ならもう追うのはやめた」とはならない。「これでは二度と会えそうもないな」と思うだけで、なおも追っていく。そして大きな山に、ひとときも休まず登るというきびしい苦難を経て、妻の国まで到達している。行ってみればやはり妻は鴨である。妻ははっきりと、「ここはあたしの国、鴨の国よ」と言い放つ。この話では、異類であるゆえに縁を切ろうとしているのは、鴨のほうである。そういえば娘の姿をしているとき、この若者に捕えられて食べものを与えられても、彼女は「そういう食べものは知らないの」と言って拒絶していた。

他方、夫は妻に「鴨の国よ」と言われてもあきらめない。ここへ到達するまでの苦難を述べたてて妻に思いだしてもらい、その国にとどまる。夫はいまや妻が鴨であることをはっきり知っているのである。それでも彼は拒否しない。それどころか、求めてその国に住むことになるのである。そして、数年後には妻を連れて帰る。

人間と動物の姿の自由な交換

これをヨーロッパの異類婚とくらべてみると、夫は、鴨から人間にかえったとも語られていない妻を、妻として連れ帰っている。そもそも妻は鴨の国にいるとき鴨なのだろうか、人間の姿をしているのだろうか？　そんなことはエスキモーの話では話題にもされない。ヨーロッパの語り方でいえば、このあたりは、夫がいくつもの苦難をのりこえて、鴨である妻のところに来てくれたために、その愛の強さによって鴨の姿から解放され、美しい娘となって夫と幸せに暮らした、とでもなるべきところだろう。エスキモーはそうは語らない。エスキモーにとっては、この娘がここでは人間の娘の姿をしていて、ここでは鴨の姿になっていた、などということは問題ではないのだろう。

先にみたエスキモーの「かにと結婚した女」には、「古老の話では、生き物はみな人間の姿と形になることができる」ということばがあった。この「鴨女房」の話もその動物観につらぬかれている。ここでは人間の姿と動物の姿とのあいだの交換を、魔法ということばで説明する必要もないし、神の力によって説明する必要もない。妻は鴨の姿であったのか、人間の姿であったのか、それはわからないが、しまいに夫といっしょになれて、ともに家へ帰っていった。それでじゅうぶんに「めでたい」のである。これは、人間と動物の世界がもっと密接だった民間信仰[18]がキリスト教によってすべて異教とされ、魔術の世界とされたヨーロッパの昔話とおおいに異なるところである。

人間から動物、動物から人間への変身に、魔術の力や神の力を借りなくてよいという性質を、日本の昔話はエスキモーの民話とほとんど共有しているということができる。これはたいへん注目に値することだと思う。

わたしが、注目に値するというのは、日本の昔話がいきなりエスキモーの民話と親戚関係にあるという意味ではない。これだけの例で、そんな大問題の結論を言うことなどできるはずがない。そうではなくて、本章の結論を先取りしていえば、われわれが昔話とか、おとぎ話とか、童話とか、メルヒェンとかいう場合に、イメージとしてもつ魔法の世界、つまり、悪魔や魔女、こびとが登場し、王子や王女が登場し、それらのあいだで魔法による変身がおこなわれるという世界は、じつは近代日本がもっぱら西洋文化を受け容れるに熱心であったことの結果なのであって、キリスト教文化の徹底的な洗礼を受けたヨーロッパの昔話のイメージにほかならないのではないか、という意味なのである。それほど強くキリスト教文化に洗われなかった諸民族の民話の世界は、いずれも、人間と動物が互いにもっと近くに存在しうる世界なのではないか。そして人間から動物、動物

から人間への姿の交換は、ごく自然におこなわれうる世界なのではないか、という意味なのである。

異類と知りつつ妻を再び獲得する——「天人女房」との違い

それでもエスキモーの異類観は日本の異類観とちがうところもある。日本の異類観といっても、「蛙女房」や「つる女房」とくらべれば、まったくちがった動物観であるといわざるをえない。しかし、先に述べたように、このエスキモーの鴨女房の話は、日本の異類婚の話としては、「天人女房」にもっとも近い。すると、「天人女房」の異類観とくらべなくてはならない。

わたしはいま「異類観」ということばを使った。それは登場者でみるかぎり、エスキモーの話は鴨の話であり、日本の「天人女房」は天人である、ということを考慮に入れてのことである。そのちがいはそれぞれの話がになっている文化史的背景のちがいからくるのだが、しかしそれが話の中にもっている役割という点では同じものなので、ひっくるめて「異類観」といえよう。

鴨と天人の差を無視して、異類観として両者を比較してみるならば、日本の「天人女房」でも、羽衣を再発見した女房が天に帰っていった段階で、夫は妻が天人であることを確実に知っていたにもかかわらず、苦労して天に到達している。エスキモーの夫と同じである。そして天では妻の父に課題を課されると妻の援助によってではあるが、それを解決して、妻をふたたび妻としてえる資格を獲得している。エスキモーのこの話でいえば、エスキモー鴨の襲来に際して戦って、たくさんの敵を殺したことである。

ところがこの先、つまり最後の成り行きが、日本とエスキモーのこの話とでは大いに異なるのである。日本では妻の最後のタブーを破って瓜を食ったために、ふたりは別れ別れになってしまう。ところがエスキモーのこの話では、夫は妻と赤子を連れて家へ帰っていくのである。日本の「天人女房」では、話型のまったく異なる「蛙女房」や「つる女房」に、一貫して流れていた思想、人間と動物はけっして婚姻関係をつづけることはできない、という思想がはっきりみられる。それは日本人のあいだでは、話型のちがいを越えて妥当する思想なのであろう。日本では「蛇婿入り」の子孫繁栄型を除き、また「たにし息子」の例を除き、他のすべての異類婚姻譚で、異類の配偶者とは別れずにはいられない。これは日本の異類婚姻譚のひとつの大きな特質といわざるをえない。

諸民族の「天人女房」型の類話

日本の「天人女房」に類似した民話はいろいろな民族にみえる。いまそれをすべてとりあげて検討することができないのは残念だが、本章のテーマを別の話型でもう少し追ってみたいので、「天人女房」についてはこれにとどめておこう。いま、結論を先取りした形で述べたことをこの話型について確かめてみたい読者がおられたら、ぜひつぎの話を読んでいただきたいと思う。いずれも、『世界の民話』（全三十七巻、ぎょうせい）というシリーズのなかに訳されているものである。

「海の娘とりっぱなダブタッハ」（アイルランド）　ここでは、悪魔や魔女のはたらきがはっきりしている。（アイルランド・ブルターニュ編、七番）

「よいの明星と明けの明星」（インドネシア）　これの導入部は日本の「天人女房」ときわめて似ている。人間と天人との結婚は長くつづけられない、という命題がはっきりでている。（アジア編II、六番）

「ママヌアとウランセンドウ」（インドネシア）　天女は天界の最高神ムンツウンツの娘とされていて、全体として神と人との接触であることがはっきりしており、始祖神話として終わっている。（同右書、八六番）

「ガラスの山」　この話には魔法にかけられた存在としての娘が登場し、夫はその娘（羽衣を奪って自分の妻にした人）を救いにガラスの山へ行って龍と戦って倒す。ヨーロッパのこの話型の典型的なものである。日本やエスキモー、インドネシアの「天人女房」型の話が、どのような点でヨーロッパの同じ話型のものとちがうかをはっきり理解できるだろう。（ロートリンゲン編、四番）

「深い森の狩人」（モンゴル）　これには羽衣を奪うモティーフはないが、娘は天から降りてきた妖精である。男は娘に教えられたとおりに、毎日三度瓜《うり》に水をかけて生長させ、それをつたって天に昇っていき、娘の父の課する難題に挑戦する。「妻探索行」と求婚者テストのエピソードからなる話である。（モンゴル・シベリア編、一三番）

「人間のはじまり」、「火食い鳥の女たち」　いずれも水浴び中の女の衣を奪って妻にするモティーフがあり、衣の再発見には子どもが関与している。この話はとくに鳥と女性の姿との間の区別が弱い。魔法の概念などまったく必要としない語り方である。（パプア・ニューギニア編、二番、一二番）

同類としての動物との結婚

人間と動物の結婚の昔話を、いくつかの群に分けて検討してきた。ヨーロッパの昔話が魔法という概念を媒介として、動物を人間に仕立てるのに対して、日本その他の民族には、その媒介なしに、動物と人間の間の変身がおこなわれる話があることを示してきた。その場合、それぞれの民族のもつ信仰的背景によって、いろいろな神が力をはたらかせることもある。あるいはまた、昔話のなかのもの言う動物が、じつは野生の動物と同じように考えられて、それとの結婚が忌みきらわれることもあることがわかった。そこで最後に、人間と動物との結婚が、まるで人間と人間の結婚のようにおこなわれている、エスキモーの話をとりあげてみよう。短い話なので全文を掲げる。

「人間の妻になったきつね(19)」

昔、ひとりのエスキモーが、絵のように美しい女の姿をした雌ぎつねと結婚していた。その隣に、もうひとりの男が妻といっしょに住んでいて、ふたつの家族は、妻を交換するというきずなで、堅く結ばれていた。あるときふたりは、夜になって再び妻を取り替えたくなり、隣の男がきつねの妻のうちへ行った。しかし、家に足を踏み入れるやいなや、すぐさま言った「なんていやらしいきつねのにおいがするんだ!」。妻はたいそう腹を立て、あっというまに外へ飛びだすと、自分の一族のところへ逃げていった。つぎの日、夫が足跡をたどって、人間たちのとまったく同じような雪小屋の建っている、きつねの集落へやってきた。きつねの妻は、夫がやってくるのを見て不安になり、みんなのうしろに隠れようとした。しかし、夫は妻を見つけて家へ連れ帰った。それからは、みんなはひどく用心深くなり、いやなにおいがしても、もう何も言わなくなった。

(エスキモー)

冒頭の部分では、この男がそれと知ってきつねを妻としているのかどうか、かならずしもあきらかではない。「夫が足跡をたどって、人間たちのとまったく同じような雪小屋の建っている、きつねの集落へやってきた」という語り方からみると、夫はそれまでは妻の素姓《すじょう》を知らなかったとみるほうが自然かもしれない。しかし、夫がその集落で、「みんなのうしろに隠れようとした」妻を見つけてからは、夫はそのことをはっきり知ったはずである。それにもかかわらず、妻を家へ連れ帰っている。日本の「蛙女房」では、妻の素姓を知った夫は池の中へ石へ投げ込む。つまり夫の側からの拒否がある。そのちがいは歴然としている。

　エスキモーのこのきつね女房の行動をみると、隣の男に「なんていやらしいきつねのにおいがするんだ！」と言われると、「たいそう腹を立て、あっというまに外へ飛びだすと、自分の一族のところへ逃げていった」という。素姓をさとられたら人間のもとにはいられないという動物妻の鉄則が、日本と同じようにここでもはたらいているようにみえる。しかし、終わりの部分を読むと、「それからは、みんなはひどく用心深くなり、いやなにおいがしても、もう何も言わなくなった」と語られている。別なことばで言えば、きつねだとは知りつつ、侮辱的な言い方はつつしんだということであろう。

　そして、侮辱的な言い方さえつつしんでくれれば、きつねも人間の夫のもとに、いつまでも妻としてとどまりえたということであろう。この話に限らないが、エスキモーの話を読むと、人間と動物というジャンル分けがそもそもできず、動物のなかの人間族ときつね族、人間族といも虫族[20]といった関係にあるとさえいえそうである。同じことは、パプア・ニューギニアの民話にもいえるのだが、もう例をあげることはやめよう。パプア・ニューギニアの民話の人間と動物の関係に興味をもたれる読者のために、いくつかの話を挙げるにとどめよう。

「女たちが犬と結婚したとき[21]」　女はみな犬の妻にされ、犬の子ばかり生んでいた。人間の男たちには結婚相手がいなくて、みな困っていた。あるとき女たちが薪集めをしているところへ男が来て、女のひとりを誘って夫婦の交りをすると、女は人間の男のほうが犬よりよいことを知り、犬を計略で火の中へ突き落としてみな殺しにした。たった一匹生き残った子犬には、これからは雌犬と結婚するのだよと言いきかせたという話。人間族と犬族という動物観がとくに感じられる。

「海牛ジュゴン[22]」　蛇が人間の娘を生むという珍しい話。その娘は成長して人間の若者の妻になるが、母が蛇であることを恥じて、夫にそれを打ち明けない。里帰りのときにも夫が同行することを拒む。その部分だけは、日本の「蛙女房」と近いことが興味深く思われる。

「いのしし退治[23]」　この話は異類婚姻譚ではないが、人をおどろかすために兄が本物のいのししになってしまう話で、人間から動物への変身が魔法的手続きなしに実現される話として興味深い。

「コマプ山[24]」　これは人間の娘ふたりが火食い鳥の息子たちと結婚するが、姑と知らずに火食い鳥を殺してしまう話。終わりの部分で、妻たちが失踪した夫たちを捜しあてていくと、舅が蛙になり、夫のひとりがシワウェン鳥に、もうひとりがクワンシアング鳥になって舞いあがる。姉のほうはそれを嘆いてマグプの木に変身し、妹のほうはチトチト鳥に変身するという話で、人間がなにか大きな衝撃を受けると、動物や木に変身することを示している。そうなると、日本の「ほととぎす兄弟」で兄が弟をいたんで鳥に変身したとか、「舌切雀」の京都府などに伝えられている、「女試練型」[25]ともいうべき話型で、のりを食べた娘（あるいは嫁）が婆に舌を切られると雀に変身するというモティーフと近くなることを考えさせられる。異類婚姻譚ではないが、日本のこれらの話では、人間から動物への変身は魔法とはなんの関係もなく、ある精神的肉体的衝撃を受けたときに実現しているのである。

Ⅳ　第一章と第二章のまとめ

第一章、第二章で扱ったのは、それぞれの民族におけるその話型のほんの一例ずつであったが、いちおう問題を大づかみに把握することができたと思う。今後、それぞれの国での民話研究、ないし昔話研究がすすみ、異類婚姻譚の全貌があきらかにされたならば、ますますこの問題での比較がしやすくなることであろう。その場合にも、いまここで分析して、大づかみに出してみたことが、ひとつのめやすになるだろうと思う。

　昔話の研究、（あるいは諸民族のさまざまな形態を考慮にいれてもう少しゆるやかにいえば）民話の研究としては、その民族のなかでの文芸上の他のジャンル、例えば説話文学との関係の研究は、もちろん重要な一部門である。またその民族の民衆のなかにながく信じられてきた民間信仰との関係の研究も同じく重要な部門である。とくに昔話ないし民話の成立史の研究として、それらは不可欠のものである。事実、これまで日本でも欧米諸国でも、多くの研究がそれらの面についておこなわれてきた。とくに柳田国男以来の日本の研究は、主として文学との関係と信仰的根源についての究明に向けられてきた。

しかし、一方では昔話ないし民話の語り口そのものの研究もなくてはならないであろう。しばしば言及したマックス・リュティの様式理論は、個々の話の語り口そのものの分析から生まれたものである。民話を形成している要素の研究とならんで、こうした語り口それ自体、印刷された資料でいえば、文章自体の分析も、民話の研究にとって不可欠な分野であろう。

ところで、わたしが第一章と第二章で試みたのも、語り口それ自体をこまかく分析する方法のひとつである。そして語り口の分析を通じて、主人公の行動のなかにある意識、あるいは行動をおこさせる意識をさぐりだしてきたものである。語り口をこまかく分析することは同時に、語り手の意識をさぐることになる。語り手が、主人公とその配偶者をどのようなものとして語っているかをみることになるのである。

ところで語り手が家族のなかで、あるいは共同体のなかの作業小屋や通夜の席で話を語るときには、語り手と聞き手のあいだには、一種の諒解しあえる範囲というものがあったであろうと考えられる。昔話には奇《き》想天外《そうてんがい》なできごとがあらわれるのだが、登場人物相互の関係などについては、語り手と聞き手が属している社会で共通に存在している諒解が前提となっているはずである。それだからこそ、「民話や昔話のなかには、それを語り伝えてきた民族の心が秘められている」という表現が可能になるのである。柳田国男が『口承文芸史考』[26]などで、「読者文芸」ということばを使って、口承文芸の成立においての聞き手の参加を重視しているのも、それと同じことを言っているのであろう。

同じ『口承文芸史考』のなかで柳田はまた、報恩が重要な徳目であった時代に報恩説話が発達したことを認めているが[27]、これも報恩が美徳であるという共通の諒解があったことを認めているわけである。例えばまた「親切と不親切」という価値観も世界のあらゆる民族の民話において共通する諒解の範囲である[28]。このように昔話ないし民話には、それを伝えてきた民衆の気持ちが、それとは気づかれない素地として秘められている。

空気のように民話の世界を充たしているそうした共通の諒解は、具体的には語り手の語り口のなかにあらわれてくる。そこにしかあらわれる可能性はないはずである。だから、語り手のこまかい語り口をさぐることによって、語り手の属しているその社会の共通した諒解をさぐりだすことができるはずである。それはいわば昔話ないし民話の特徴をさぐることによって、それの属している民族なり社会の考え方や感じ方をさぐることを意味する。それが、「昔話ないし民話には民族の心が秘められている」というよく使われる表現の内容のはずである。

昔話・民話の比較研究

ある民族の昔話ないし民話の特質を考える場合には、他の民族のそれと比較してみることが有効な方法である。比較といっても、それには多様な内容がある。研究者のあいだでしばしば問題にされるのは「話型」としての比較である。前述のアールネ＝トムソン著『昔話のタイプ』に示された話型と日本なりドイツなりの個々の話が、どの部分が共通で、どの部分が共通でないかというかたちで比較されることが多い。あるいはまた、『昔話のタイプ』に示された話型のもつ構造と個々の話の構造とが共通かどうかに着目して比較することもある。例えば日本の「こぶとり爺」や「地蔵浄土」の話型を『昔話のタイプ』のAT480「泉のそばで糸を紡ぐ女たち。親切な少女と不親切な少女」[29]に比定するのは「話型」としての類似でなく、「構造」としての類似からくるのである。

あるいはまた話型を構成するモティーフ[30]についての比較もある。ある話型にいかなるモティーフがあり、いかなるモティーフがないか、モティーフがいかなる順序で結合しているかなどが、民族によって異なるものである。またモティーフ自体がすこしずつ異なることも比較の対象になりうる。

ところでわたしがここで試みたのは、前述したように語り手の意識のなかで、変身がいかに受けとめられているか、異類の配偶者をいかにみているか、そうした把握のうえにたって、話としてのドラマをどこに設定しているかという問題についての比較である。モティーフや話型を構成している要素の比較のみでなく、こうしたテクストにあらわれた語り手の意識の比較もまた、昔話ないし民話の民族によるちがいをあきらかにする有力な方法だろうと思う。そして日本人であるわれわれにとっては、まず日本の昔話の特質がいかなるものであるかを解明するための、ひとつの有力な方法であるということができよう。

これまでの分析の整理

さて、わたしは序章で三つの問題を設定した。それは、一　異類婚姻譚における異類と人間のあいだの変身を主人公と語り手はどのように受けとめているか、つまりそこに神の力なり、魔術的な力なりをはたらかせているかどうか、二　異類婚姻譚において人間である主人公と語り手は、異類である配偶者をどう考えているのだろうか、三　異類婚姻譚にとって本質的に重要な以上のふたつの特質のうえにたって、昔話ないし民話としてのドラマをどこにつくっているか、ということであった。細部にわたる分析をいまここでまとめて考えてみよう。

いま述べた問題の順に、とりあげた諸民族の話の分析の結果を整理してみると、つぎのようにグループ分けすることができる。

一　変身をどううけとめているか

Aグループ　変身は魔法によっておこる。
フランス「美女と野獣」、フランス・ロレーヌ（ロートリンゲン）地方「ばら」
ハンガリー「物言うぶどうの房、笑うりんご、ひびく桃」
アルバニア「蛇婿」
Bグループ　変身場面は語られているが、変身についての説明なし。
日本「蛇婿入り」、「蛙女房」、「つる女房」
インドネシア「リンキタンとクソイ」
Cグループ　変身場面は語られておらず、いつのまにか変身してしまっている。
パンジャブ「わにとお百姓の娘」
エスキモー「人間の妻になった鴨」、「かにと結婚した女」
Dグループ　変身せず、異類は異類のまま配偶者となり、最後に死ぬ。
日本「猿婿入り」
カビール「ろば頭のムハメッド」
マケドニア「テンテリナとおおかみ」
Eグループ　もはや魔法とはいえない痕跡《こんせき》的手続きによって変身がおきる。

韓国「蟾息子」
中国「虎女房」

二　異類の配偶者をどう語っているか

Aグループ　魔法をかけられた人間として。
フランス「美女と野獣」、フランス・ロレーヌ地方「ばら」
ハンガリー「物言うぶどうの房、笑うりんご、ひびく桃」
アルバニア「蛇婿」

Bグループ　動物そのものとして（人間として現われても最後には動物となる）。
日本「猿婿入り」（しまいまで動物の姿で）、「蛙女房」（しまいに動物の姿にもどる）、「つる女房」（しまいに動物の姿にもどる）、「蛇婿入り」（しまいに蛇として死ぬ）
中国「虎女房」（しまいに動物の姿にもどる）
エスキモー「かにと結婚した女」（途中で奇妙な姿になるらしいが、しまいまで動物である）、「人間の妻になった鴨」（姿は人間であったか鴨であったか、はっきり語られないが、夫は鴨であることを知っていて連れ帰る）

Cグループ　動物と信じられていた夫がしまいに人間（または人間より優位のもの）に変身する。

インドネシア「リンキタンとクソイ」
パンジャブ「わにとお百姓の娘」
韓国「蟾息子」
Dグループ　はじめから終わりまで異類。
カビール「ろば頭のムハメッド」
マケドニア「テンテリナとおおかみ」

三　昔話ないし民話としてのドラマをどこにつくっているか

Aグループ　人間である配偶者の愛情による魔法からの救済。
フランス「美女と野獣」、フランス・ロレーヌ地方「ばら」
ハンガリー「物言うぶどうの房、笑うりんご、ひびく桃」
Bグループ　魔術的組織との接触についての驚きと怖れ。
アルバニア「蛇婿」
Cグループ　配偶者を動物と知っての拒否。
日本「蛙女房」、「猿婿入り」、「蛇婿入り」
Dグループ　失われた異類女房を探索し、再獲得する。
エスキモー「人間の妻になった鴨」

Eグループ　配偶者が素姓を知られて去る。
日本「つる女房」、「天人女房」（夫が追っていくが、最後にはまた別れざるをえなくなる）
Fグループ　動物とは知らなかった、その意外性。
韓国「蟾息子」
パンジャブ「わにとお百姓の娘」
エスキモー「かにと結婚した女」
Gグループ　社会的迫害からの救出。
インドネシア「リンキタンとクソイ」
Hグループ　怪物からの奪還。
カビール「ろば頭のムハメッド」
マケドニア「テンテリナとおおかみ」
Iグループ　動物は結局野蛮な動物なのだ。
中国「虎女房」

ヨーロッパの異類婚姻譚の特徴

これらを通じてみると、各項のAグループとした話は、変身が魔法によっておき、動物と思われた配偶者はじつは魔法をかけられた人間であった。そしてアルバニアの「蛇婿」を除けば、話としてのドラマも、愛情による魔法の解除におかれている。ここに扱った例はすくないが、グリム童話集一番「蛙の王子」をはじめ、ヨーロッパの異類婚姻譚には、この変身観・動物観が滲透している。グリムやペローその他、ヨーロッパの昔話をつうじて、日本の読者層にもっともよく知られている異類婚の話はこのヨーロッパ型なのである。

ヨーロッパでは、ゲルマン民族はじめ、ケルト族などにも、その本来の民間信仰のなかにはいろいろな自然神があった。水の精霊ウンディーネ、火の精サラマンダー、地と家の精霊コーボルト、地下に住んで宝を守っているツヴェルク、家の中や空中、森、山などに住む小さな精霊エルフェ、森、洞窟、泉、山、月光を浴びる野原などに住むフェー、水に住む精霊ニクセ、スラブ民族のあいだで水中、地上、空中に住むと信じられていたヴィリス、古代北欧民族の三人娘ノルネ、それと似たゲルマン民族の、兵士の運命をつかさどるヴァルキューレなど、ひとと自然との結びつきが強かったことを示す神々の像にみちていた。[31]

そこでは自然のひとつひとつが、意味と力とをもっており、人間はそれらにひとつひとつ名前をつけてつきあっていた。それはちょうど、日本の民間信仰のなかにさまざまな神さまがいるのと同じ様相である。

日本には座敷に住む座敷わらしがいるかと思えば、便所にも厠《かわや》の神さまがいて小僧さんを助けてくれる(「三枚のお札」)。山にも田にも神様がいる、道路を守る神さまもいる。台所の神さま、かまどの神さま。日本の民俗学は日本人の信仰のなかに、自然との強い結びつきを示す神々の姿を掘りだしてきている。

ヨーロッパでのそうした多彩な自然神たちは、キリスト教の伝播とともに追放されてしまった。一神教であるキリスト教にとっては、それら自然のあちこちにいる神は邪神であり、魔的なものとされてしまった。ドイツ語では悪魔のことをトイフェルというが、ヤーコプ・グリムによれば、ゲルマン民族古来の信仰には、トイフェルとか、トイフェル的な精霊の観念はなかったが、キリスト教の布教（それはしばしば武力による征服によっておこなわれたのだが）のなかで、サタン、あるいはトイフェルとよばれる悪魔の観念が導入されて、古来のゲルマン民間信仰のなかの自然神たちはみなトイフェル（悪魔）とされてしまったのである。

われわれのテーマとするところをみても、ヨーロッパの場合には、変身にはかならず魔術的手続きが必要とされており、動物との結婚は、じつは動物ではなく、魔法をかけられて救済を求めていた人間だったとされている。これはヨーロッパ以外の諸民族の異類婚の話ときわだったちがいであることがわかった。

日本の異類婚姻譚

さて、一のBとCのグループは変身について、相互に近い性質を示している。B　変身場面は多少とも語られているが、変身についての説明がない、C　変身場面は語られておらず、いつのまにか変身してしまっている、というのはいずれも、語り手が動物から人間への、また、人間から動物への変身それ自体について、それがいかなる力によって実現されたか、説明する必要がないと思っていることを示すであろう。これらの話は、自然のなかのものそれぞれが、動物もふくめて、独自に意味と力とをもっているという自然観を基礎にして成りたっていると考えられる。エスキモーの古老がいみじくも、「すべての生き物は人間の姿と形になることができるのだ」と言ったことが思いだされる。いわば人間が自然のなかの一部であり、動物の一種であるという人間観を基礎にしている、と考えられるのである。

ここで、われわれ日本人として注目しなければならないことは、日本の「蛇婿入り」、「蛙女房」、「つる女房」がBグループであることである。そしてここにはとり扱わなかったほかの日本の異類婚姻譚も、多くはこのグループに入ると思われることである。そしてそのうえ「猿婿入り」にいたっては、Dグループ、つまり、「変身せず、異類は異類のまま配偶者となり、最後に死ぬ」という関係にあることである。つまり「猿婿入り」の場合は人間に変身どころか、猿のまま夫となりうると考えられているのである。ここでは分析しなかったが、パプア・ニューギニアの民話には、動物のまま人間と結婚している話がたくさんある。(32)

一方、日本の昔話のなかには、魔法という概念を使って変身を説明する話はきわめてすくないと思う。もし稀に日本の昔話のなかに、「魔法」とか「魔術」ということばがでてくると、われわれはすぐに、それが日本の昔話としてはごく新しい要素であることに気づく。いわんや異類女房なり異類の夫なりが、じつは魔法をかけられていたのだとは語らない。珍しい例として、佐々木喜善の伝える「田螺《たにし》長者」があるくらいのものである。(33) そこでは、田のなかに姿を消した夫をさがしている女房のところに若者が現われて、「俺は御水神様の申し子で、いままでは田螺の姿でいたが、それが今日《イマビ》、お前が薬師様に参詣してくれたために、このように人間の姿となった」と言っている。しかしこれとても、魔法をかけられて田螺の姿であったのではなく、水神様の申し子だからそういう姿をしていたのである。

こう考えてくると、大別すれば、日本の異類婚の昔話は、インドネシア、パンジャブ、エスキモー、カビール、マケドニアなどの民話のほうに親近性があり、ヨーロッパの昔話とは異質であるということになる。もちろんこれをもってただちに日本の昔話がそれらの民族の民話と伝播《でんぱ》関係にあるというのではない。話型としては別物なのであるから、それはまた別の問題として考究されなくてはならない。そうではなくて、昔話ないし民話にあらわれた人間と異類、とくに動物との婚姻関係において同質性が認められるということを指摘するのである。

西洋化された文明の下に自然に近い考え方がある

日本の近代化は、西洋文明を輸入することで進められてきた。そしていまや衣食住すべての面にわたって西洋風におこなわれている。とくに都会生活にその傾向が強いのだが、それは程度の差であって、いまやマスメディアの発達によって、日本全国に西洋風のものや生活様式が滲透しつつあることは認めざるをえない。それはもはや西洋風の文明というよりも、近代日本の文明になりきっているようにみえる。そして開発のために自然は崩されていき、野生の動物などは、もしいたら珍しいほどになってしまった。野生の動物どころか、蚊やはえでさえきわめてすくなくなった。第二次大戦中、あるいは直後の状況とくらべてみたら、それはまるで別世界のようである。そして日本人の考え方も、合理的経営や効果的な勉強をめざしてかわってきた。とくに教育の場面では試験のための勉強だけが重視されるようになり、そのためにはトンボの羽根が何枚であろうと、セミがいつごろ、どうやって脱皮しようと関心を向けてはいられない。お米がどうやって作られるかなど知らなくてもいい。長ねぎがどこまで土の中にあるのかなど知らなくてもいい。米はビニールの袋に詰められて米屋に積み重ねられているのであり、ねぎは根と先っぽを切りとられ、きれいに洗われたものとして束ねられて、八百屋に積んであるものなのである。

要するに現代の日本人は、動物の生態や植物の生態には無関心であっても、コンクリートで固められた道路や、コンクリートの家や、上下水道や、電気や、ビニールの製品があれば生きていられるような信仰をもっているように思う。人間は動物の一種類であることを忘れて、自分は動物ではなく、自然界を完全に支配する絶対者であるかのように思いこんでいるふしが感じられる。ところが、ここまであきらかになったように、日本人がもっている昔話の世界はけっして西洋的近代的なものでなく、むしろエスキモーやパンジャブ、パプア・ニューギニア、インドネシアの民話と近い動物観にもとづいているのである。表面を覆いつくしている西洋文明ないし近代文明をひと皮むけば、日本人の心の中にはこうした動物観が伝えられていることを知らなければならない。われわれの昔話がそれを教えてくれるのである。

この教えはわれわれ日本人にとってありがたい教えだと思う。それはこういう意味である。人間は文明を進歩させることによって、かつては不治の病いとされた病気を治す方法を考えだしたし、遠い距離を短い時間で克服する方法も考えだした。それはたしかに人間に幸福をもたらしている。しかしそれは他面では、人間は動物界や植物界、自然界と断交しても生きていかれるのだという錯覚を生みだしている。すでに述べたように、人間も動物の一種なのだという事実を忘れさせる危険性をもっている。もちろんわたしは、人間と動物との結婚が自然でよろしいなどと狂気じみたことを言っているのではない。そうではなくて、人間がその知識のみに頼って生き、あらゆるものを制御《せいぎょ》できると考えることは危険であり、人間はどんなにあがいても動物の一種であることをやめることはできないことを知らなくてはならないと言いたいまでである。近代科学がいかに進歩しても、いや進歩すればするほどそのバランスとして、人間が大昔から考えていた哲学、という言い方が大げさならば、人間がきびしい自然のなかで生きるためにどうしてももたなくてはならなかった自然観、動物観といったものを、しっかり思いのなかに呼びおこすことが必要だと思う。民衆のなかでひっそり口伝えされてきた民話がそれを思い出させてくれるのである。このことを、共産党支配の時代にソ連の民話研究の代表的存在のひとりであったキリル・ヴェ・チストフは、いみじくもこう言っている。[34]

「有名な格言を言い換えてこう言うことができよう――『人は民話のみによって生くるにあらず』と。だが、パンによって生きる力を失うのが危険であるのと同様に、民話の伝統を喪失することも危険であろう」と。

異類配偶者への強い拒否

さて、ここでとり扱ったいろいろな民族の昔話ないし民話を、前述の三つの問題に従って整理して、日本の昔話を諸民族の昔話ないし民話のなかに置いてみて気づくことのひとつに、動物の夫なり女房なりへの強い拒否がある。三のCグループがそれにあたるが、ここで扱った限りでは日本の昔話しか該当するものがない。

「蛙女房」では人間の夫が石を投げこみ、「猿婿入り」では人間の娘が夫である猿を川へ落とし、「蛇婿入り」では針の毒にあて、そのうえ母が立ち聞きした方法によって、娘の腹の中の蛇の子は全部おろされてしまう。これはどういうことだろうか。

思うに、一方では前述のごとく、動物と人間との間を近く感ずる動物観が古く身についておりながら、他方では動物との結婚など、身の毛もよだつように感ずる日常的感覚があって、そのためにこのような強い拒否が昔話のドラマを形成することになったのではなかろうか。文明人が動物との結婚など考えたとき、それはかならず不気味な、いとわしいものと感じられるにちがいない。そのごくありきたりな、日常生活的感情が昔話のなかではたらいているのではなかろうか。

エスキモーの「人間の妻になった鴨」は、変身については前述のごとくCグループに属していて、Bグループの日本の「蛇婿入り」、「蛙女房」、「つる女房」と近いことがわかっている。そして二　異類の配偶者をどう語るかという問題においても、Bグループで日本の「猿婿入り」、「蛙女房」、「つる女房」、「蛇婿入り」と同じグループに属している。ところが、三　ドラマをどこにつくるかという問題になると、日本の昔話がC、Eグループに集中しているのに対して、このエスキモーの話は「Dグループ　失われた異類女房を探索し、再獲得する」となる。つまり、人間である夫は、妻の逃げ帰った鴨の国へ行き、鴨と知りつつ妻を連れ帰って幸せにくらしたという。ここにいたって、日本の昔話とのちがいが明瞭に浮かび上がってくる。

素姓がばれれば結婚生活は破滅する

配偶者が異類であることがわかってしまえばその結婚はもはや存続しえない、ということは日本の昔話での鉄則のようである。ところでその鉄則が、ヨーロッパの場合には伝説として、人間と妖精との関係について伝えられていることは、すでに述べたとおりであるし、新しくはオーストリアの口承文芸研究者として世界的名声のある、カール・ハイディング教授が論じている。[35] メルジーネ、ローエングリーンなどの伝説がそれにあたる。

この鉄則が日本では野生の動物と人間との間に通用し、ヨーロッパでは先に述べたような、キリスト教以前から諸民族の民間信仰のなかに活躍し、キリスト教伝播以来、魔物の世界へ閉じこめられてしまった妖精たちと人間とのあいだに通用しているということに、わたしは注目する。素姓を知られたら人間との結婚生活を失うものとして、日本では野生の動物（かつては信仰の対象であったろうが、いまやその信仰性は失われて、野生の動物として聞き手に受けとられていることはすでに述べた）が想定され、ヨーロッパではキリスト教によって魔性のものとされた民間信仰の自然神であった妖精たちが想定されていることは、きわめて興味深いことである。つまり、現在ある姿としては、日本では動物であり、ヨーロッパでは妖精であって、外観上は異なるが、素姓を知られたら別れなければならないという関係において同質のものなのである。ともに、民衆の信仰の対象からはずされてきたものが、なおかつ人間との結婚を望んだとき、体験しなければならない運命なのであろう。

それはそれぞれの民族の文化的背景のちがいが昔話に反映されているという意味でも興味深いし、日本の昔話における動物の役割を究明するうえにも、たいへん示唆に富んだ事実であると思う。また、この同質の関係がヨーロッパでは伝説として伝えられ、日本では昔話として語り伝えられてきたということも、ジャンル論として、また文芸意識の問題として注目すべきことである。

以上のことを、変身および異類の配偶者をなにとして把握しているかという問題と結びつけて、日本の昔話の特質ともいうべき点をまとめると、つぎのことがいえる。動物と人間とのあいだの変身を魔法的行為と考えるか、自然的な成り行きと考えるかという点では、日本の昔話の世界は、前述のごとく、インドネシア、パンジャブ、エスキモーなどの民話の世界に近い。したがって、異類の配偶者の把握の仕方も同様にそれらの民話に近い。ところが、異類であるという素姓がわかってしまったら、もはや人間との結婚をつづけることはできないというきつい法則については、ヨーロッパの妖精と人間との伝説と共通性をもっている。

美しく悲しい別れ

昔話としてのドラマをどこにつくるかという問題で、もうひとつ、日本の昔話の特徴と思われるものがある。それは、人間の夫から拒否されないにしても、素姓を知られたとき、異類女房のほうですぐに別れて去ることである。「つる女房」と「天人女房」にそれがみられる。このことについては、それぞれの項ですでに述べたが、「つる女房」の場合の、あの悲しい別れには、女房の側からも夫の側からも、さまざまな思いが込められていることだろう。そういう別れのまま昔話を終えるということは、日本人が昔話に求めているものがなにであるかを端的に示しているといえよう。動物の生命を助けるという行為、美しい女房、女房の献身的な貢献、見るなのタブー、夫の好奇心による行動、つるが毛で布を織るという美しく、しかし悲しさのこもった場面、そして最後に避けがたい別れ。しかも別れに際して、そんな両方の気持ちを説明したりしない。別れを余韻としてただひびかせておくのである。

ヨーロッパのメルジーネやローエングリーンのように伝説としてでなく、口伝えの文芸である昔話において、このように美しくも悲しい別れで終わるということは、日本の昔話を支えてきた民衆の文芸意識のなかに、それを求めているものがあるからであろう。日本人にとっては、さまざまな思いを込めての別れそれ自体が、文芸意識を満足させる力をもっていると考えられるのである。

ヨーロッパの昔話では、一般的にいって、いったん別れた夫婦は、一方が相手を捜しにでかけ、しまいに再発見してめでたく結婚生活にはいり、幸せになるというのがほとんどである。伝説はいざしらず、文芸である昔話にとっては、結末での再結合による幸せは至上命令である。それゆえにヨーロッパ人は日本の「つる女房」を終っていないと感ずるのである。民衆の文芸意識が昔話に求めるものがちがうということを、昔話の比較研究が示してくれるのである。

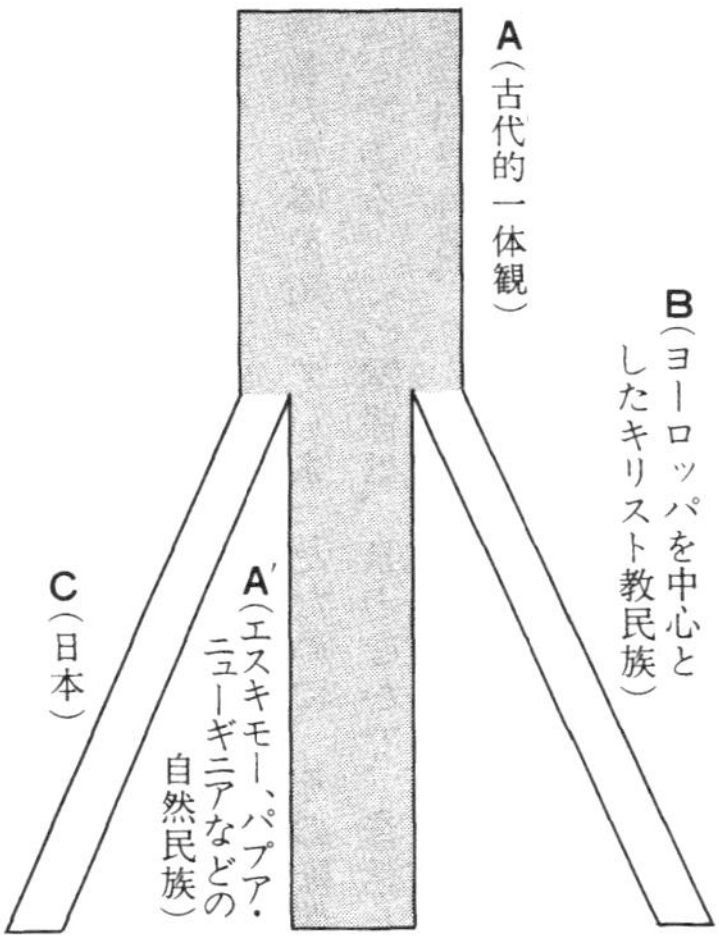

図式的にまとめると

以上の人間と動物との関係を大ざっぱに図式化して示せば上の図のようになるだろう。

Ａ（古代的一体観）をひきついだＡ′（エスキモー、パプア・ニューギニアなどの自然民族）では、人間と動物とのあいだの変身は自然のこととして起き、人間と動物との結婚も、異類婚としてよりむしろ同類婚の如くにおこなわれている。Ｂ（ヨーロッパを中心としたキリスト教民族）では変身は魔術によってのみ可能であると考えられており、人間と動物との結婚と思われるものも、じつは、人間でありながら魔法によって動物の姿を強いられていた者が、人間の愛情によって魔法を解かれ、もとの人間にもどってから人間と結婚している。Ｃ（日本）はじつはＡ′の動物観を含んでいる。すなわち、魔法という概念を媒介とせずに変身がおこなわれるという意味でＡ′と同質であるし、また、動物そのものと人間との婚姻が語られているという意味でもＡ′と同質である。ところが「猿婿入り」の結末で娘が猿の夫を川に落とす部分や、「蛙女房」で夫が池の中へ石を投げこむ部分などには、A′と異質な、動物への拒否がみられる。そこにはたらいている動機は、ごく日常的な、動物との結婚なんていやらしいという感覚であろうと思われる。

そしてもう一方には、動物を拒否しているのではなく、むしろ愛しているのだが、異類配偶者の正体を知ってしまったために、その配偶者に去られるという場合がある。「つる女房」などである。この関係は、Bのなかで、昔話としてではなく伝説として伝えられていることが注目される。

日本の昔話がA′とCによって成立しているために、例えば「猿婿入り」における娘の行動がヨーロッパ人には不可解なものにみえるのである。つまり、その「里帰り型」の前半では末娘がいったんは猿との結婚生活にはいり、そのあとで夫を桜の木から落として水死させている。この分裂した行動は、ヨーロッパ人からみると、娘が陰険《いんけん》にもはじめから殺意をもっていたと映るのである。それゆえに、父に孝行な、あどけない末娘が、そのやさしい顔の下に恐ろしい殺意をもっているとは、日本人はなんと不可解な民族だということになるのである。

民話とかおとぎ話というと、現代の日本人は王子や王女の登場するお城の場面や、魔女、妖精などを思い浮かべがちだろう。それは近代日本がもっぱらドイツ、フランス、イギリス、デンマークから民話やおとぎ話を輸入した結果にすぎない。キリスト教的ヨーロッパの民話は、世界の民話からみればむしろBという少数派なのであることを知らなければならない。また、われわれ日本人が代々伝えてきた昔話の世界には、A′、つまり自然民族の動物観＝人間観と同質のものがあることを知らなければならない。それは、これからアジアの一員としてアジア諸民族との友情を温めていくべき日本人にとって、大切な認識であろう。

注

（1）「鶴の女房」、武田正・江口文四郎・大友義助・清野久雄共著『山形のとんと昔』、一九七六年。

（2）「蛙女房」、柴口成浩・仙田実・山内靖子編『東瀬戸内の昔話』、一九七五年。

（3）例えば、『日本昔話集成』一一一番に収められている新潟県佐渡郡高千村の話など。

（4）「蛙女房」、野村純一編『増補改訂　吹谷松兵衛昔話集』、二一番、一九七五年。

（5）「精霊物語」、ハインリヒ・ハイネ著、小澤俊夫訳『流刑の神々・精霊物語』岩波文庫所収。

（6）同右書、二一三ページ。

（7）この辺の事情については、右のハイネのエセーが詳しく述べている。

（8）「虎女房」、澤田瑞穂訳『中国の昔話』、一九七五年、一〇九ページ。

（9）「天人女房」、田中瑩一・酒井薫美編『鼻きき甚兵衛』、一九七四年（『日本昔話通観』第18巻島根篇、一二一番）。

（10）例えば荒木博之編『甑島の昔話』、一九七〇年、一八番「天人女房」では〈箱の中〉。関敬吾『日本昔話集成』、一一八番の奄美大島の類話では〈高倉の中の粟束や米束の中〉に隠す。
(11) マックス・リュティ『ヨーロッパの昔話』(岩崎美術社)特に一次元性についての理論を参照。
(12) AT 400 *The Man on a Quest for his Lost Wife.* 日本語訳は『世界の民話』解説編、第四章、ぎょうせい、一八二ページ。
(13) 小澤俊夫「日本の昔ばなしにおける水準化作用」(『成城文芸』第七十二号、成城大学文芸学部研究室刊、一九七五年)。
(14) 「人間の妻になった鴨」、関楠生訳『世界の民話』エスキモー、北米インディアン、コルディリェーラインディアン編、一〇番、ぎょうせい。これと似た話に、同書八番「人間の妻になったがちょう」、九番「人間の妻になった灰色がちょう」などがある。
(15) 「忠告する老人」の例は多いが、例えば、『世界の民話』ドイツ・スイス編、五番「七羽の鳩」における宿の女主人。同地中海編、四六番「袋に飛び込め」のおばあさんなど。
(16) 「役割」という考え方については、ソ連のウラジーミル・プロップ『民話の形態学』(北岡誠司訳、一九八三年)、およびマックス・リュティ『ヨーロッパの昔話――その形式と本質』増補版(一九七六年)収載の第四版への付録「昔話の構造主義的研究」を参照。
(17) 小澤俊夫訳『世界の民話』アジア編II、八六番、ぎょうせい。
(18) この点については再びハインリヒ・ハイネ著「精霊物語」参照。
(19) 関楠生訳『世界の民話』エスキモー他編、一三番、ぎょうせい。

(20) 例えば同右書、一七番「大きないも虫を夫にした女」。

(21) 小川超訳『世界の民話』パプア・ニューギニア編、一一番、ぎょうせい。

(22) 同右書、三一番。

(23) 同右書、四六番。

(24) 同右書、四九番。

(25)『日本昔話通観』京都篇二三番「舌切雀＝女試練型」と二四番「舌切雀＝女型」。

(26)『口承文芸史考』定本『柳田国男集』第六巻、一六ページ。

(27) 同右書、一一九ページ。

(28) この点については、ソ連のレニングラードのキリル・ヴェ・チストフ教授が、「このように多くの民族に、積極的な善行、弱者への助力、相互扶助、思いやり、善行の美しさの認知や善行の真実性などに対して、と同時に、また一方では、悪行の残忍さ、その醜悪さ、悪行が人間に及ぼすゆがんだ影響に対して、その自然性や人間性によって統一された道徳的価値観が、民族のあらゆる差異や特質を越えて存在していたとは驚嘆すべきことである」と述べている（キリル・ヴェ・チストフ『日本の民話をロシアの読者が理解できるのはなぜだろうか』〈小澤俊夫編『日本人と民話』ぎょうせい、一九七六年所収〉）。

(29) AT 480の話型の日本語訳は、『世界の民話』解説編、一九五ページを参照。

(30) ハインリヒ・ハイネ『流刑の神々・精霊物語』岩波文庫参照。

(31) モティーフの定義はアールネ＝トムソン『民間説話』（荒木博之・石原綏代訳、社会思想社、一九七七年）下巻二一七ページおよび、稲田浩二・小澤俊夫編『日本昔話通観』全二十九巻（同朋舎、一九七七―一九九〇年）の、各巻の「編集方針」参照。

(32) 小川超訳『世界の民話』パプア・ニューギニア編。

(33) 佐々木喜善『聴耳草紙』三番「田螺長者」筑摩書房、一九六四年。

(34) キリル・ヴェ・チストフ「日本の民話をロシアの読者が理解できるのはなぜだろうか」（小澤俊夫編『日本人と民話』所収）。

(35) カール・ハイディング『蛇聟と蛙女房』、小澤俊夫編『日本人と民話』一二六ページ以下。

第三章　異類婚姻譚からみた日本昔話の特質

前章まで、異類婚姻譚について、いろいろな民族の話を比較しながら検討してきた。そして、われわれ日本人が伝えている異類婚姻譚は、いわゆる自然民族とは異なるが、しかしヨーロッパを中心としたキリスト教民族の話とも異なることを確認した。

そのうえで、本章では、日本の異類婚姻譚を更にいろいろな角度から分析してみたい。

異類パートナーは来訪する

まず注目すべき点は、日本の異類婚姻譚では、すべての話において、異類であるパートナーが、人間である主人公のもとに来訪しているということである。「つる女房」「蛙女房」「猿婿入り」「蛇婿入り」、いずれもが人間のもとに来訪している。

そのパートナーとは、既にみたように、すべて動物である。しかも、まるで自然のなかにいる動物学的動物のようにみえるパートナーが、動物の姿のまま、あるいは人間の姿をとって、ストーリー中の主人公である娘または若者を訪問してきていることに注目しなければならない。

「猿婿」の場合には、父親が山の畑を耕しているときに、猿が山のなかから現われる。この出現も、人間の文化の世界への一種の来訪ととらえることができる。何故なら、山の畑とは人間が開いた文化の世界である。英語の culture、ドイツ語の Kultur のもとであるラテン語の cultura は農業、耕作を意味する。その動詞 colere は耕作することである。山地あるいは荒地を開墾して耕作すること、それはまさに人間の築いた文化の世界である。そこへ猿がやってきた。この出会いは、猿が自然のなかから人間の文化の世界へ来訪した、ととらえることができる。

「つる女房」などにおいて、娘の姿をしたつるが若者の家をたずねてきたのは、もちろん、人間の文化の世界である家への来訪ととらえられる。

発端部分は、動物であるパートナーが、動物あるいは人間の姿をして、人間の文化の世界へ来訪する、とまとめることができる。動物がどこから来るかは次の問題として吟味しなければならないが、この来訪は、その後のストーリーの展開の芽となるような出来事である。構造分析的に言えば、この部分は来訪というモティフェーム[1]であると言える。

来訪したパートナーは何をするか、その結果何が起きるか

発端部において、すべて来訪があるという点では、日本の異類婚姻譚は共通している。それぞれの話の独自性は、来訪した動物が人間に対して何をするか、その結果どういう結末を

迎えるかというところで形成される。
具体例に即して考えてみよう。

「つる女房[2]」

むかしむかしなあ、ある若者が朝草刈りさ行ったら、一羽のつるが、やじぶじ（ささがや）に足を取られで、飛べなくてバタバタしてだんで、若者はもぞさげぐ（かわいそうに）なって、ていねいに鎌で切り取って、放してやったんだと。つるはうれしそうに頭の上をグルグル回って飛んでったんだと。ほうしたらその晩げ、美しい娘がやって来て、「どうぞ、一晩泊めでけらえん」て言ったんだと。人のええ若者は、「さあさ、どうぞどうぞ」て、快ぐ泊めだんだと。ところが、娘は次の日になっても、またその次の日になっても帰っぺどしないで、「どうぞ、あんだの嫁ごにしてけらえん」て言ったんだと。若者が、「おらぁ、この通りの貧乏暮らしで、やっと食ってるどごだ。あんだのような立派な人、とっても嫁ごにでぎえん」て言ったら、「ええがら、嫁ごにしてけらえん」て言うもんだがら、喜んで嫁ごにしたんだと。

あっとぎ、嫁ごが、「機織るがら、どうぞ、機部屋を作ってけらえん」と言ったんだと。若者は嫁ごのために金を工面して、機部屋を作ってけだんだと。嫁ごは、「絶対に機織ってるどごろ見ないど約束してけらえん」て言って、機部屋さはいってツーパタン、ツーパタンて織りがだ始めだんだと。夜中になっても織りがだやめねえんで、若者は先さ寝でしまったんだと。次の日になったら嫁ごが、いままで見だごどもねえような見事な反物を一反さし出して、「町さ行って売ってござえん」て言ったんだと。若者が、早速、町さ持ってったら、これは珍しい見事な反物だって千両で売れだんだと。嫁ごは若者のうれしそうな顔を見で、「もう一反織るがら、絶対に見ないでけらえん」て念押しして、機部屋さはいってツーパタン、ツーパタンて織りがだ始めだんだと。若者は、じっと我慢して見ねでだげんとも、糸もあでがんねえのに、なじょなごどしてあんなに見事な反物織んだべ、と思って、そうっとまがって（のぞいて）見だら、つるが自分の体から毛を抜ぎ取って織りがだしてだんで、たんまげでしまったんだと。

つるは見られだごどに気付いだのが、織りがだをやめで、「わだしは、あんだに助けられだつるでがす。織りがげだものだげでも仕上げだがったげんとも、姿を見られでは、織り続げるごどはでぎえん」て言って、つるの姿になって悲しそうに鳴ぎながら、薄ぐなった羽でやっと飛んでったんだど。こんで、えんつこ、もんつこ、さげだどや。

機織り部屋をのぞいてくれるなという妻の願いにもかかわらず、夫がのぞいてしまうと、妻は「じつは先日助けられたつるで、恩返しに嫁になってきたが、正体見られては、帰らんなね」というが早いか、つるの姿になって飛んでいってしまったという。これを、妻が退去したといっていいだろう。

この話のモティフェームとしては、来訪―結婚―正体露見―退去という連鎖を設定することができる。

「蛙女房」(3)

話っコあったぞな、ある所で嫁《かが》、何年も連れでるうぢに、「俺の家で三年の爺様の法事あるために、家さやて呉《け》れ」っけど。そえがら、こんど、「ハイ、家さ行て来い、したら」って、山の物一杯《えっぺ》取って背負《しょ》わせで、やた訳だ。ミズ(山菜の一種)や蕗やら茸だのって背負わせで……。まず、したっけ、こんど、「俺、まあ、暗ぐなっ時行ぐ」ってゆ(言う)けど。そえがら、「ナニ、灯りで行ったらよがべ」ってゆたら、「今、暗ぐなっ時行ぐ」って、そえがらモソモソと暗ぐなたけずんて、「ほれだば、どごまで行《え》たべがなー」って、短け話しだい、こりゃ、「どごまで行たべがなー」ど、思って跡着《つい》でいったば、大っきい池あるどさ、ドボーンと入ていたけどえ、その嫁コが「あら、俺の妻《あば》跳ねでいったな」ど、思って、まず、えだ訳だ。今度、ほれ、夜の七時、八時なったば、今度なす。「ゲロ、ゲロ、ゲロ、ゲロ、ゲロ、ゲロ、ゲロ、ゲロゲロゲロゲロ……」。モッケ(蛙)であった訳だ。蛙よ、大きな。そえがら、今度、親父そさ立てで見てだったもんだために、大ぎな石持て来て池の中さドブーンて入《え》っであったど。したば、ほれ、ピタッと止《やめ》だ訳だ。それがら、そりゃよがべど思って家さ帰って寝でだ訳しえ。

　したば、朝なたば来たけど。「来たが」ってしたば「来た」ってっけど「やーやーやー、騒動で騒動で」こしけど（こう言ったけど）「俺家の屋根の上さ石落ぢで、お客様も和尚様もなも大騒ぎしてあ」「んがー（お前）は、モッケだどは言わねで、俺あ、そういう嬶《あば》だば、その困った家の嬶からだば、嬶も何も貰っていられねってがに、出で行って呉《け》れ」ってしたば、その、「子供どす（どうする）」っけど。「子供なの連れでって呉《け》れ」ったど。したば、こど、ほれ、大っきいモッケ先なって、小ちゃいモッケの子っこは、「子供どす」ったって、どうがしてあったってわがらねんでも、プンプンプンプンプンプンプン跳ねで行ったけど。池さ、みんな入《は》ていたけど。モッケの化物であったど。どっとはらた。

（北秋田郡阿仁町比立内）


妻が蛙であることを知った夫は、「そういう嬶だば、その困った家の嬶からだば、嬶も何も貰っていられねってがに、出で行って呉れ」という。これは、妻を追放したということができる。日本の昔話のなかでは「魚女房」も同じく追放で終っている。

　これらの話のモティフェームとしては、来訪—結婚—正体露見—追放という連鎖を設定することができる。

「つる女房」では、正体を見られたつるが自ら夫のもとを去っていったが、ここでは、正体

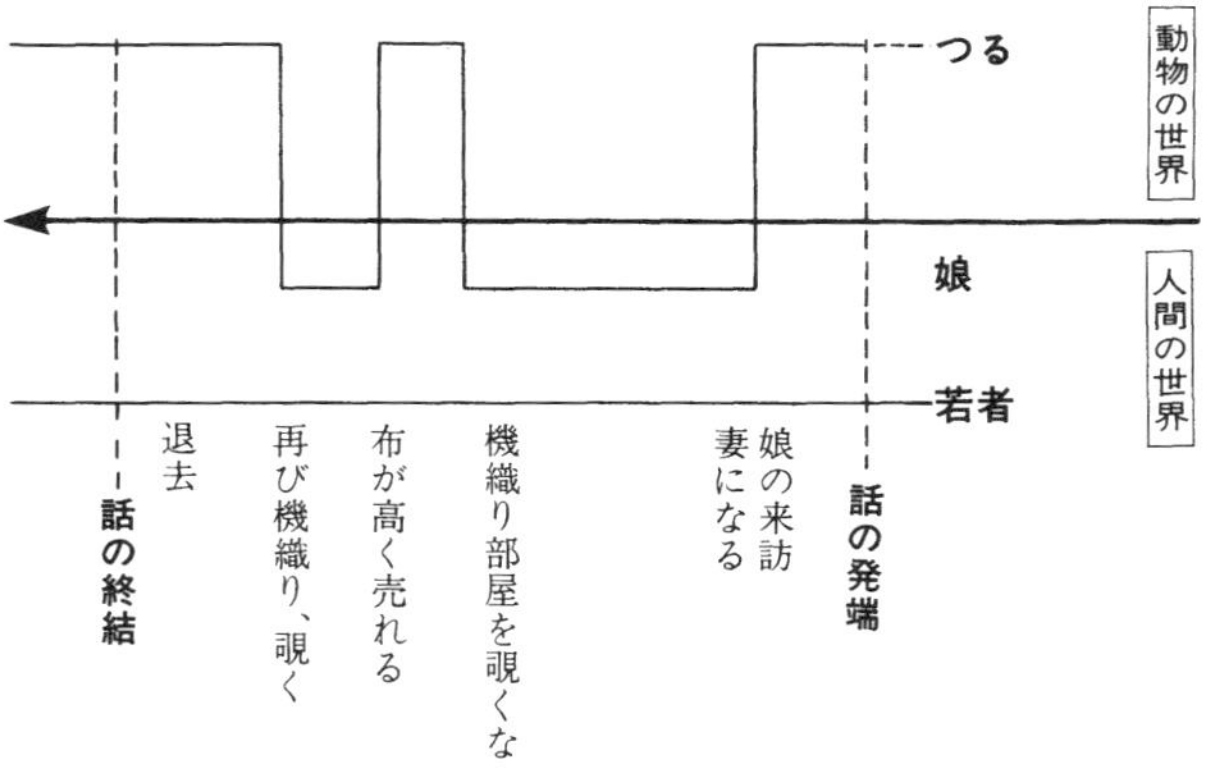
動物の世界
人間の世界
つる
娘
若者
話の発端
娘の来訪
妻になる
機織り部屋を覗くな
布が高く売れる
再び機織り、覗く
退去
話の終結

〈つる女房〉

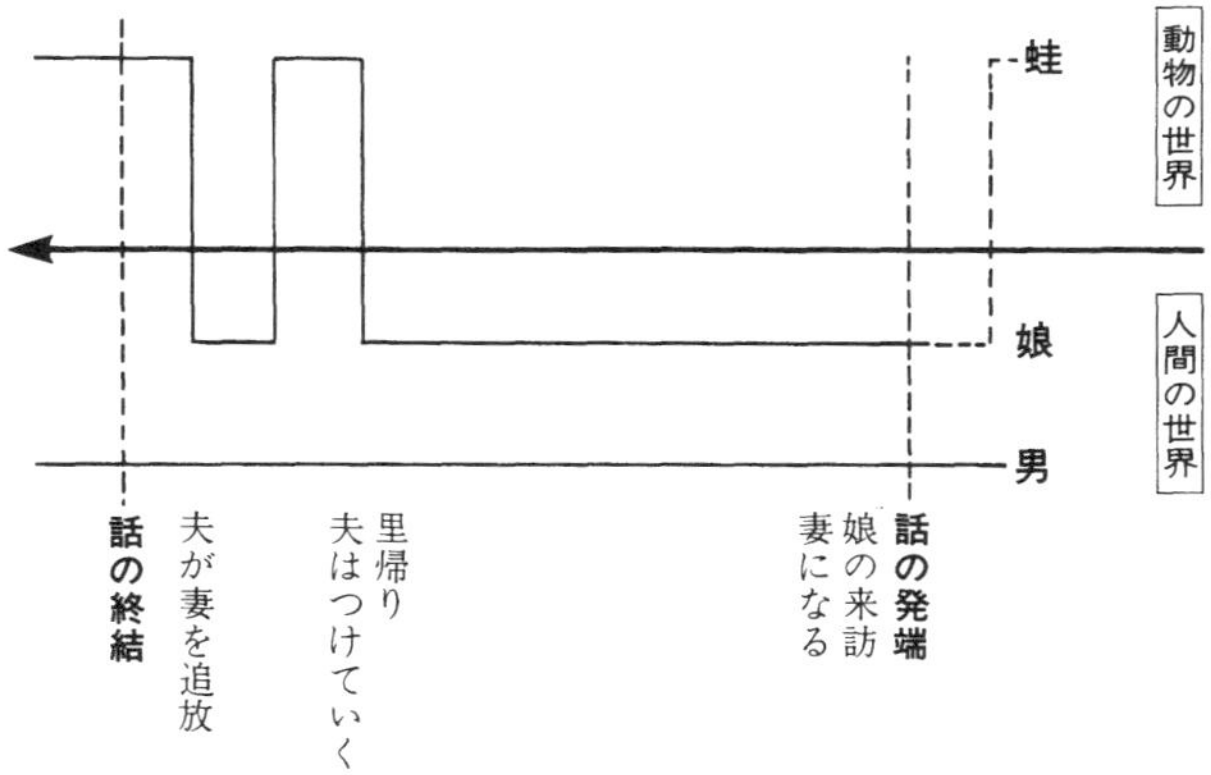
動物の世界
人間の世界
蛙
娘
男
話の発端
娘の来訪
妻になる
里帰り
夫はつけていく
夫が妻を追放
話の終結

〈蛙 女 房〉

を知った夫が追放しているのである。既に述べたように、それは日本の歴史のなかでおきた日本人の信仰の変化を反映しているものと思われる。時代が新しくなればなるほど、動物を配偶者としておくわけにはいかないのである。

この二つの話を、動物の世界と人間の世界という観点から図式化してみると、前ページのようになる。

異類のパートナーが男性である場合についても、同じ観点からみることにする。

「猿婿入り」（ストーリーは三〇ページに示してある）では、三二ページ以下で述べたように、猿は人間の文化の世界である畑に現われ、爺の仕事を片づけた上で、娘を嫁にもらうことを確認する。ところが末娘は猿との結婚を父に約束したものの、途中で猿を殺して家に戻る。

ここでも、畑への猿の出現は来訪ととらえることができる。そして、娘は猿を殺害したのである。するとモティフェームとしては、来訪—結婚—殺害となる。これはパートナーである動物への最も厳しい対応である。

この厳しい対応は、『古事記』の「三輪山伝説」の昔話化したものである「蛇婿入り」においてもみられる。

「蛇婿入り」（ストーリーは九一ページに示してある）では、九一ページ以下で述べたように蛇が人間の姿をして娘の家に来る。そして最後には、娘の母親の知恵で蛇は鉄《くろがね》の毒で殺

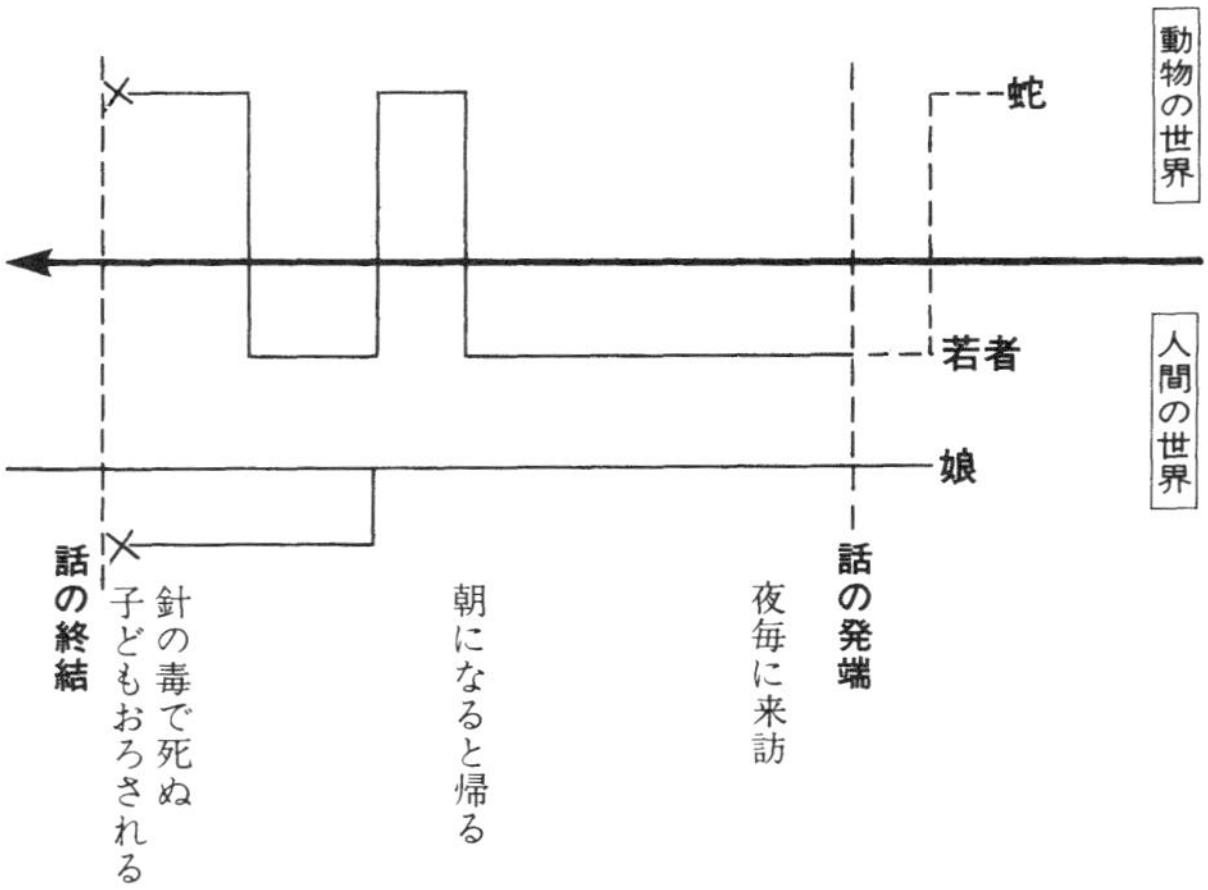

〈蛇婿入り〉

され、娘の胎内に宿された蛇の子も、桃酒でおろされてしまう。ここにも、来訪―結婚―殺害という構造を見出すことができる。

　これを前例にならって図式化すると、上図のようになる。

『古事記』における「三輪山伝説」をこれと同じように図式化（二一八ページの図参照）してみると、その違いはいっそう明らかになる。

　西暦七一二年に成立した『古事記』の記述と、現在日本で記録される昔話としての「蛇婿入り」の差は歴然としている。そこに、日本人の信仰の変化が感じられることは、かつて柳田国男が指摘した通りである。

　これをモティフェームとしてまとめる

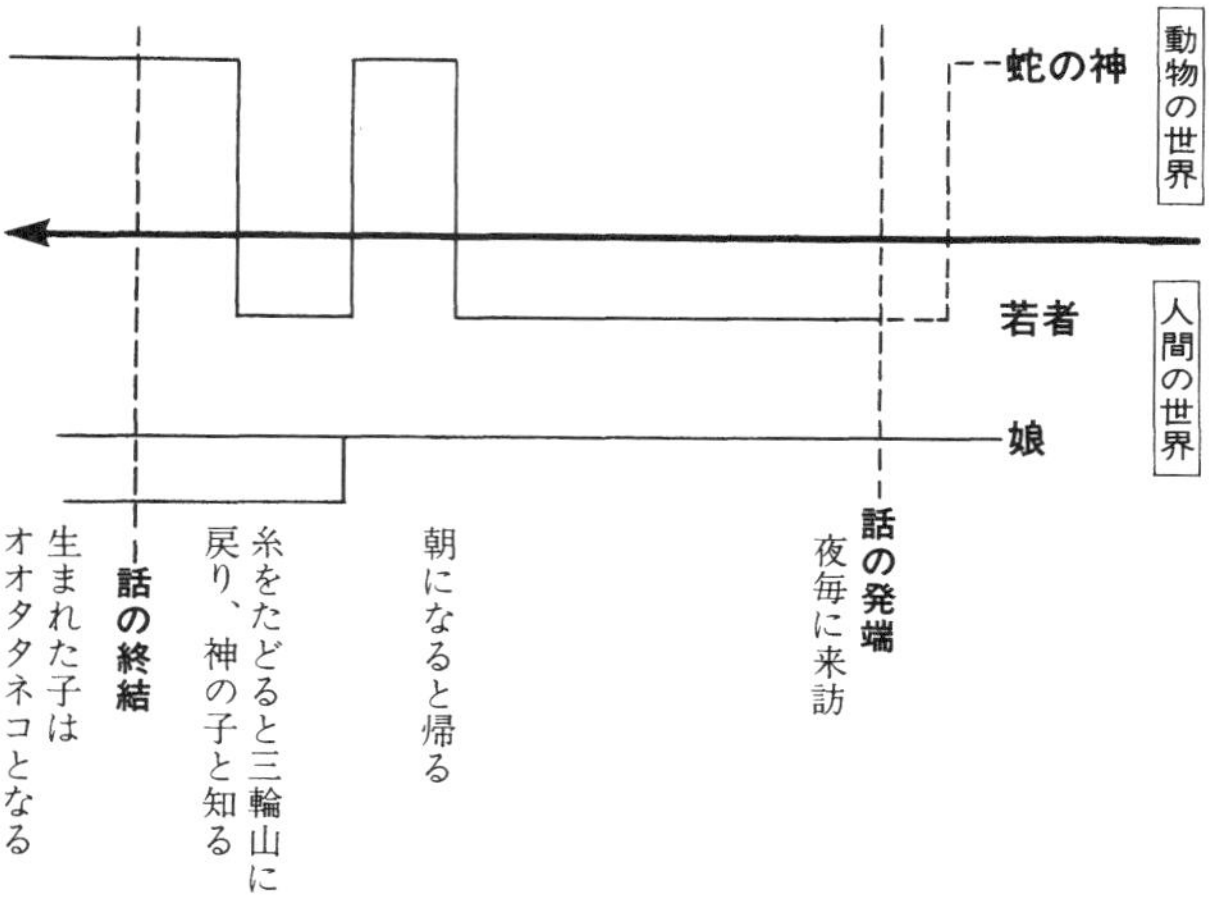

〈三輪山伝説〉

と、来訪―結婚―子孫繁栄とすることができるであろう。昔話との違いは明らかである。昔話では、来訪した動物は、結末では①退去する、②追放される、③殺害される、という三種の扱いを受ける。『古事記』においてのみ、無事に子を生むのである。

主人公は結末で再びひとりになる

次に、来訪した動物を退去に追いこんだり、追放したり、殺害したりする主人公の方に注目してみる。

先の図で、話の結末を示す縦の点線――のところで主人公がどうなっているかを見ると、いずれの場合も主人公はひとりになっていることがわかる。

「つる女房」では妻が残してくれた綾錦

によって、男は富を得たということはいえよう。しかし、人生のパートナーはどうなったかといえば、男はそれを失い、再びひとりにもどったのである。主人公がパートナーをもっているかどうか、という見地からみれば、この主人公はふりだしにもどっている。これを「回帰している」と表現してよいであろう。日本の異類婚姻譚の多くのものは、この意味での「回帰構造」をもっているのである。

この構造は、ヨーロッパの異類婚姻譚と大きく異なるところである。本書でとりあげた例でいえば、フランスの「ばら」では、冒頭にひとりであった娘が、結末ではパートナーを獲得し、結婚している。ハンガリーの「物言うぶどうの房、笑うりんご、ひびく桃」も同じである。ヨーロッパのメルヒェンの特徴として、動物の姿をしているのは、じつは呪いをかけられた人間であることが多いということをすでに指摘したが、もうひとつの重要な特徴として、主人公が結末でパートナーを得るということをあげることができる。ひとは人生のパートナーを得てはじめて完結するという人生観がその背後にあるのかもしれない。

そのようなヨーロッパのメルヒェンにおける完結性からみれば、日本の異類婚姻譚での回帰する結末は、ストーリーが完結していないことになる。これは日本の特徴というには早いとしても、少なくともヨーロッパの話とは大きく異なる性質である。

回帰するということは、人間である主人公が、発端と同じようにひとりになるということであるから、回帰して終った結末は、次のストーリーの発端となりうるということである。

このことを図示すると上図のようになる。

この回帰する円の途中に、前述した来訪―正体露見―退去などの出来事が並んでいるのである。つまり、前掲の図の結末を示す－－－－の後の主人公は、発端を示す－－－－の前の主人公と連結可能なのである。

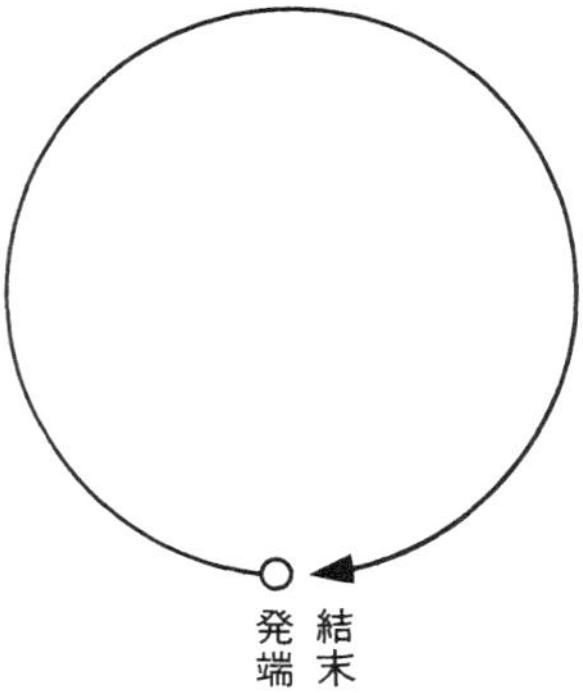

エピソードの接続機能

ここで、主人公がいったんひとりになる、ということが、昔話の進行上、いかなる機能をもつかについて考えてみたい。昔話のエピソードが接続するときには、主人公がいったんひとりになることが必要である。例えば、「かちかち山」の話において、前半の「狸の婆汁」とよばれるエピソードが終り、後半のエピソード「かちかち山」に接続するとき、爺はひとりになって泣いている。そこへ兎が現われて、あの「かちかち山」のエピソードに接続していくのである。これを接続機能とよんでいいだろう。

グリム童話集三番「マリアの子」においてもこれと同じ接続機能がみられる。

貧しい娘をマリアが天に引きとって養う。マリアは留守をするとき、娘に十三箇の鍵を渡し、十二番目までの部屋は見てよいが、十三番目の部屋を見てはならない、と言う。娘は好奇心にかられて十三番目の部屋も見てしまう。帰宅したマリアは、娘の手に金色がついているのを見て、十三番目の部屋を見ただろうと娘を問いつめる。娘はあくまで否定する。そこでマリアは娘を天国から追放する。娘は眠りにおち、気がつくと地上の荒野にたったひとりでいる。口もきけない。木の洞穴で何年もくらす。

ここで主人公は、いったんひとりになっていることがわかる。マリアから与えられたタブーに違反するエピソードはここで終わる。

そこへひとりの王さまが現われて、娘の美しさに打たれて城に連れ帰り、結婚する。そして、子を生むたびにマリアに子を奪われて試錬にあうエピソードが続くのである。

このメルヒェンでも、ひとりになることがエピソードの接続機能を果たしていることがわかる。ひとりになることが、何故エピソードを接続する機能をもちうるかといえば、基本的には、ひとりになること、つまり孤立することによって何とでも結合しうる自由を獲得するということができよう。

自由な結合の可能性を獲得した結果、ある話では兎と出会い、ある話ではパートナーとなるべき人物と出会うことになるのである(4)。

このように、主人公はひとりになること、つまり孤立することによって自由な結合の可能性を獲得するのであるから、われわれが今検討している日本の異類婚姻譚についても、理論的には次のような循環が可能である。

つる女房の正体を見たために女房に去られた男がひとりで暮らしていると、ある日山仕事の折、蛇にのまれそうになっている蛙を見つけ、助けてやる。夜になると娘が来訪し、泊めてくれというので泊めてやる。

娘は男の妻になり、やがて実家に法事があると言って里帰りする。そのとき「決してあとをつけてきてくれるな」と言うが、夫はあとをつけていく。妻は、蛙がにぎやかに鳴いている土手まで来ると、蛙になって水の中へとびこむ。夫は妻が蛙と知って怒り、大きな石を水の中へ投げこんで帰る。帰宅した妻に、あとをつけていって石を投げこんだことを話すと、妻は去る。男はまたひとりでくらしている。

ある日、山の小川で、魚が土の上ではねているのを見つけ、小川に返してやる。夜になると娘が来訪し、妻になる。妻はおいしいお汁をこしらえてくれるが、夫はそれをあやしみ、夕方でかけたふりをしてのぞいていると、妻は鍋にまたがっておしっこをする。夫は怒り、夕方帰宅したふりをして、「やっぱりひとりぐらしがいいから帰ってくれ」と言うと、妻は「あなたはわたしの姿を見たのですね」と言って去る。男が再びひとりでくらしていると、ある日……

話はいつまでも続きうるのである。つまり、回帰型の話の場合には、ストーリーを終結させる終止機能がない。ひとつの出来事の終りが昔話の終りとなるにすぎない。そのとき、聞き手あるいは読者が受け取る感銘は、人間の一生の形成のプロセスとして、異性のパートナーを獲得するという人間世界内での結末に関する感銘ではなくて、人間世界と動物との関係に関する、感銘なのである。しかもそれは、退去、追放、殺害という破壊的関係である。

　この破壊的関係を、喜ばしく感ずるか、悲しく感ずるかは、時代と個人によって異なる。別れてしまうから悲しいと感ずるとは限らない。別れて、ああよかった、と感ずることもある。『古事記』との違いを考えると、これらの昔話を伝えてきた近代の日本農村の人たちは、この破壊的結末を好んで選んだものと考えられるのである。日本の昔話は、自然のなかでの人間の存在に関わる問題を語っている、いわば存在論的物語といえる。

　それに対して、ヨーロッパのメルヒェンでは、人生の伴侶を得ることをゴールとし、それが達せられたとき、聞き手ないし読者は必ず満足して終る。つまり、人生論のなかでの満足なのである。人生論的物語といってよいであろう。

　そこで次の問題は、これらの昔話において、動物はどこから人間の世界に来訪するかということである。

動物はどこから来て、どこへ去るか

　前掲の図（二一五、二一七、二一八ページ）において、発端を示す縦の点線以前に動物はどこにいたのだろうか。そして、結末を示す縦の点線以後、どこへ去っていったのだろうか。つまり動物の出所由来はどう語られているのか。

本書に例として挙げた昔話を、その点について詳しくみると、じつは、それはひとことも言われていないことがわかる。その部分のみを原文で示してみよう。

「猿婿入り―畑打ち型」

（猿に娘を嫁にやると約束した爺は、帰宅してから朝になっても起きられない。一番娘、二番娘に断わられたあと、末娘が承諾してくれる。はんどうと鏡を買ってやる約束をして、爺はそれを買ってくる）。

「おまえにゃこれをやるけえ」そかぁら話いとったら猿がやってきて、「昨日の約束どおり、はたを刈って、菜をまいといたけえ、娘を一つ、今度はもらいに来たけえ」ちゅうて、言うから、「ああ、そりゃやるとも」それから、妹の娘がむねをさして、そいから、猿に「荷物があるけえ、負うてみい」ちゅうて。「そりゃあ負うてみる」ちゅうて。そいからはんどうを負わして、それから娘は鏡をふところへ入れて、それから行きよったら、だいぶん行くところに、この一本の橋があった。川の上に橋がある。その橋の上へ行きよったら、娘が鏡をちょろんと下へ落いてしもうて。それから、くすらくすら泣きはないた。

（島根県美濃郡巴見町）

猿がどこから来たのか全く語られていないし、娘をどこへ連れていくのかも語られていない。語られているのは途中に川があり、一本の橋があったことだけである。この橋は運命の橋となるので語られなければならない。しかし、猿の出かけてきた元の居場所、出所由来は問題にならないのである。自然のなかのどこからか、としか言いようがない。語り手も聞き手も、自然のなかのどこからか来たと思えばよかったのであろう。無限定の自然のなかから来たということができる。

広い意味での異類婚姻譚でいえば「天人女房」だけは、女の出所は天であることがはっきりしている。しかし、そもそも天人女房譚は、日本の異類婚姻譚のなかでは異質なのである。女房は動物でないことがすでに別種の話であることを示している。

異類のパートナーの出所由来はどこか、という点に着目して、本書に挙げた諸外国ないし諸民族の話をもう一度みることにする。ヨーロッパでは、動物の姿をしたパートナーは、じつは呪いをかけられた人間であったとすることが多いので、この場合は、どこから来たかという問題は生じない。

「わにとお百姓の娘」（パンジャブ）　わには、じつは川の国の王であった。出所は明瞭である。

「ろば頭のムハメッド」（カビール族）　ウーアルセンの出所は不明のまま終る。

「テンテリナとおおかみ」（マケドニア）　ここでのおおかみは動物のままであり、ドイツ・

フランスなどとは様相を異にしている。そして出所は不明のまま終る。

「リンキタンとクソイ」（インドネシア）　クスクスの姿をしているが、本来は人間なので、出所は問題にならない。ヨーロッパの話に近いのである。

「かにと結婚した女」（エスキモー）　ストーリーの後半において、パートナーはかにの姿をしているのか、人間（小男）の姿でいるのか不明である。語り手にとっても聞き手にとっても、そのことは問題にならないのであろう。つまり、人間と動物との境界が強く意識されていない状態と考えられるのである。そして、今検討している動物の出所という点についても何も語られていない。自然のなかのどこからか出現している。日本の昔話の世界もこのようなことを可能ならしめている心的世界から発していると考えられる。

「蟾《ひきがえる》息子」（韓国）　このひきがえるが元来何者であったかは語られていない。しかし、最後に妻がはさみで背中の皮を切ると人間になるところをみると、元来は人間だったという話であるかもしれない。どこから出現したかも語られていないが、元来人間だった可能性があるので、ここでは考察外とするのが適当であろう。

「白鳥伝説」（ライン河沿岸の伝説）　これは伝説として伝えられているが、われわれの考察にとっては、非常に示唆に富み、興味ある物語である。この男は白鳥の引く小舟に乗ってライン河を下ってくるのだが、おそらくそれはこの男が白鳥であったことの象徴的表現であろう。もしそうだとすると、このストーリーは日本の異類婚姻の昔話と同じ構造をもっていることになるのである。

すなわち、来訪—退去という構造、退去の理由は正体を知るなというタブーへの違反であること、娘は結末において再びひとりになるという回帰構造。そして今ここで検討している動物の出所という点についても、それがひとことも言われていないことなどを指摘することができる。

動物の出所由来不明という一種の神秘性は、日本では昔話が好んで語るところであるが、ドイツでは、それは伝説が好んで伝えるところなのである。

昔話と伝説

このことは、日本の昔話とドイツのメルヒェンおよび伝説との比較の上でたいへん興味深い問題に発展していく。

前述したように、日本の昔話では、自然のなかでの人間の存在そのものが語るべき関心事となっている。その意味で存在論的物語といえる。人間とそれをとりまく自然との間の緊張関係、そしてその緊張した関係のなかで人間がどうやって自らの存在を守っていくか、それが昔話のストーリーを形成している。

それに対して、ドイツをはじめヨーロッパ文明国のメルヒェンでは、人間世界のなかの出来事を語ることが多い。人間と人間の関係、人間と社会の関係が主で、もし自然との関係ないし自然のなかのある力との緊張した関係を語る場合には、それは魔法をもつもの、あるいは魔法によって魔的な力を付与されたものとの関係におきかえられているのである。「蛙の王さま」における蛙は、自然のなかから現われるが、自然そのものの力ではなく、魔法をかけられて蛙になっている人間なのである。

そして、日本の昔話が好んで語る、人間と自然との緊張した関係は、ドイツをはじめヨーロッパの先進諸国では、伝説として伝えられるのである。

伝説では、自然の不可思議な力が、あるときは嵐など自然現象そのものとして、あるときはそれが擬人化された巨人や恐ろしい魔神の姿として、あるときは幽霊のような姿で、人間世界に出現し、人間との緊張した関係を結ぶ。そこでは、人間と人間の関係や、人間社会のなかでの人間の生き方よりも、人間という存在が、周囲をとりまく自然のなかでどうやって生きていくか、という切実な問題が伝えられている。従って、貧しい娘と王子との結婚というような話題ではない。

その場合でも、キリスト教化されたドイツ、およびヨーロッパでは、自然のなかから人間界へ押し入ってくる不可思議な力に、キリスト教的解釈を施していることが多い。次に示すのは、そのようなドイツの伝説である。

「牧草地の乙女」

峠道沿いのアウアーバッハの若者が、せまい谷間の牧草地で父親の牝牛の群れに、草を食ませていた。そこからは古い城が見えた。そのとき突然、若者は背後からやわらかい手で頬を軽くたたかれた。ふり返ってみると、すばらしく美しい乙女が目の前に立っていた。乙女は頭から爪先まで白い衣におおわれていて、何か言おうとした。けれども若者は、悪魔にでも会ったように驚いて、無我夢中で村へ逃げ帰った。

父親はこの牧草地しかもっていなかったので、若者はいやおうなしに、いつでもその牧場へ牛たちを連れていかなくてはならなかった。

だいぶ年月が経ち、若者はあの出来事も忘れてしまった。ところが、むし暑い夏のある日、草むらにざわざわという音がした。見ると、口に青い花をくわえた小さい蛇がはってきて、突然しゃべりだした。

「やさしいお若い方、聞いて下さい。私がもっている花を受け取って下されば、あなたは私を救うことができるのです。この花は向こうに見えるお城の私の部屋のかぎです。あの部屋へお入りになれば、山ほどお金を手に入れられるでしょう」

けれども若者は、蛇がしゃべったのでびっくりして、また家へ逃げ帰った。

晩秋のある日のこと、若者がまた牝牛の群れを放牧していると、三度目にはまた最初の白装束の乙女の姿で現われ、頬をなぜた。そして、方法はいくらでも教えてあげるから、どうか自分を救って欲しいと哀願した。

乙女がどんなに哀願しても、なんにもならなかった。若者は恐怖にとりつかれ、十字を切ってはらい清めるばかりで、幽霊とかかわりをもとうとはしなかった。乙女は深くため息をついて言った。

「あなたを信じたのがいけなかった。それでは、この牧草地に桜の木が生えて大きくなり、桜の木でゆりかごが作られるようになるまで、私はまた待たなくてはなりません。そのゆりかごで最初にあやしてもらう子どもにしか、私を救うことはできないのです」

そう言って乙女は姿を消した。そして、言い伝えによるとその若者は、その後ちっとも年をとらなかったということだ。何で死んだかは誰も知らない。


（グリム・ドイツ伝説集二二四番）


この伝説では、自然のなかからある力が人間の姿をとって人間の文化の世界へ来訪する、という点では、われわれが今扱っている日本の異類婚姻譚と同じである。

違いは、それが魔法をかけられたものであるとする点である。蛇は日本の異類婚姻譚における蛇とは異なるのである。そして人間が、蛇とも白衣の娘とも何の関係ももたず、ひたすら逃亡してしまう点も異なる。魔性の者との出会いであるから、ある関係をもつこと自体が恐れられ、回避されているのである。

日本の「つる女房」などのモティフェームの連鎖は、来訪─正体露見─退去であり、その退去とは、来訪者の退去であったが、この伝説では、来訪された者の退去である。

日本人の間ならば、この話は十分に昔話になり得たであろう。すなわち、ここでは自然のなかで生きていく人間が、周囲の自然との間でもたなくてはならない関係が話題にされているからである。

ここで明らかになることは、日本と、ドイツをはじめとするキリスト教化されたヨーロッパ先進国とのジャンルの違いである。すなわち、何をメルヒェン（すなわち、おとぎ話）と感じ、何を伝説（すなわち、事実を歴史の一端として伝える話）と感ずるかという、その感じ方の違いである。

メルヒェンとか昔話というものは、明らかに架空の物語である。おとぎ話である。そのことは、メルヒェンや昔話が発端句と結末句をもっていることからも、明らかである。

日本の昔話の伝承者たちは、昔話を語り始めるときに、「むかし、あったずもな」（岩手）とか「むかし、あったげな」（島根）という定形句を語る。それからおとぎ話を語り始めるのである。これは、「これからおとぎ話を始めますよ」という宣言である。おとぎ話とは、架空の話であるから、この宣言は「これからうそ話を始めますよ」という宣言と理解してよい。「これから語る話はうそ話だから、内容の真偽のほどには、私は責任をもちませんよ」という宣言なのである。

これと同じ趣旨の発端句を、ドイツのメルヒェンも、イギリスのフォークテールまたはフェアリーテールも、フランスのコントポピュレールももっている。日本語に訳せば、いずれも「昔むかし、あるところに……がいました」というようなことばである。

そして、メルヒェンが終ったときには、やはり結末句を言う。グリム童話集では七六番の「なでしこ」の結末句として、「ふたりがまだ生きているかどうか、神さまだけがご存じです」ということばがある。東ヨーロッパでは、最後に語り手の「私」が登場して、次のように言う。

「そのあと司祭は二人に祝福を授けた、これで話はおしまいだ。わしもそこの婚礼にいたんだ。食べたり飲んだりして。こんなことといってると、今でもまた口の中によだれが出てくるよ」（クロアチア「子豚のビルカ[5]」）

「ところで私は一本の釘の上に立っていたんで、もう何も言えません」（ルーマニア「主の嫁御[6]」）

これらの意図するところは、いずれも、「これでおとぎ話は終りだよ」ということである。つまり、うそ話の終結を告げているのである。

これらの事実をふまえて、われわれが今ここで問題にしていることを改めて検討してみると、次のようにまとめることができる。すなわち、日本の昔話では、自然のなかで人間がどうやって生きていくかという存在論的問題を、おとぎ話として、煎じつめれば、うそ話として語っている。それに対し、ドイツなどでは、そのような存在論的問題は、歴史として事実を伝えようとする伝説の形で伝えている、ということである。ではドイツやヨーロッパ諸国での、おとぎ話であるメルヒェンでは何を語っているかと言えば、それは人間世界内での人間と人間との関係、特に結婚の問題を語っているのである。たいへんに人間的な物語がメルヒェンとして、つまりおとぎ話として伝えられているということになる。

このことを、昔話やメルヒェンの聞き手の側から考えると、メルヒェンの聞き手は、人間がパートナーの魔法を解き、救済して結婚を成就するところにおとぎ話としての満足を求めている、といえよう。それに対して日本の異類婚姻譚の聞き手は、人間が自然のなかから現われたパートナーの正体を知るかどうか、そして知った場合にどう対処するかに興味を注いでいるといえよう。「猿婿入り」のように、最初からそれが猿であることがわかっている場合には、前半の「正体を知るかどうか」という興味は存在せず、いきなり「どう対処するか」に興味を注ぐことになる。煎じつめればその興味は、「自然のなかから現われたもの」への対処の仕方にある。現われたものに対して人間の存在を如何に守るか、ということに興味があるのである。ドイツをはじめとするヨーロッパのメルヒェンの聞き手が抱く興味とは非常に異なることがわかる。

この興味のあり方は、ヨーロッパでいえばむしろ伝説に近い。しかし、ドイツの伝説の例でみたように、そこでの人間の怖れは、「自然のなかから出てきたもの」に対してというより、「魔法をかけられた者」ないしは「魔法の世界のもの」に対してはたらいているのである。これはキリスト教的解釈の入った自然理解というべきであろう。

再び、動物はどこから来て、どこへ去るか

動物はどこから来て、どこへ去るか、という出所由来の視点にもどり、もう少し諸民族の話を検討してみよう。

「虎女房」（中国）　この虎は皮を脱ぐと人間になるので、元来は人間と考えられるが、結末では皮を着て再び虎になり、兄嫁とその子を食って去るので、元来虎であったとみるべきであろう。するとここにも来訪―退去という構造をみることができる。そして虎の出所は不明のままである。

「人間の妻になった鴨」（エスキモー）　この話では、鴨の出所は鴨の国と明言されている。しかし、鴨の国にいる鴨たちの姿は鴨なのか人間なのか、判断しかねるような語り方である。人間と動物の境界線が定かでない世界の物語である。

「人間の妻になったきつね」（エスキモー）　この話では夫がきつねの集落へ妻を捜しにい

く。鴨の場合と同様、きつねの集団が生活している特定の場所が想定されているようである。無限定の自然のなかから出現するのではない。エスキモーの宇宙観の一端が表明されているのかもしれない。

このように本書で挙げた諸外国の例について、動物パートナーの出所由来という点に注目してみると、パンジャブの「わにとお百姓の娘」では川の国、エスキモーの「人間の妻になった鴨」、「人間の妻になったきつね」では鴨の国、きつねの集落と語られていることがわかる。

こうしてみると、日本の異類婚姻譚において、動物パートナーの出所由来を語らないということは、それとして検討してみる価値のある問題であることが予感される。[7]

ここまで検討してきたことをまとめると、次のようにいうことができる。

日本の異類婚姻譚では、無限定の自然のなかから動物が人間の世界に来訪し、人間となんらかの関係をもつ。そして最終的には、①自ら退去して、または②人間に追放されて、無限定の自然のなかに帰る、または③人間によって殺害される、という三種類の展開をする。

この命題は、一部を抽象化して、次のようにいいかえることができる。

日本の異類婚姻譚では、無限定の自然のなかから、ある力をもったものが人間の文化の世界へ来訪する。そして人間と婚姻したのち、①自ら退去し、または②人間に追放されて、無限定の自然に帰る、または③人間に殺害される。

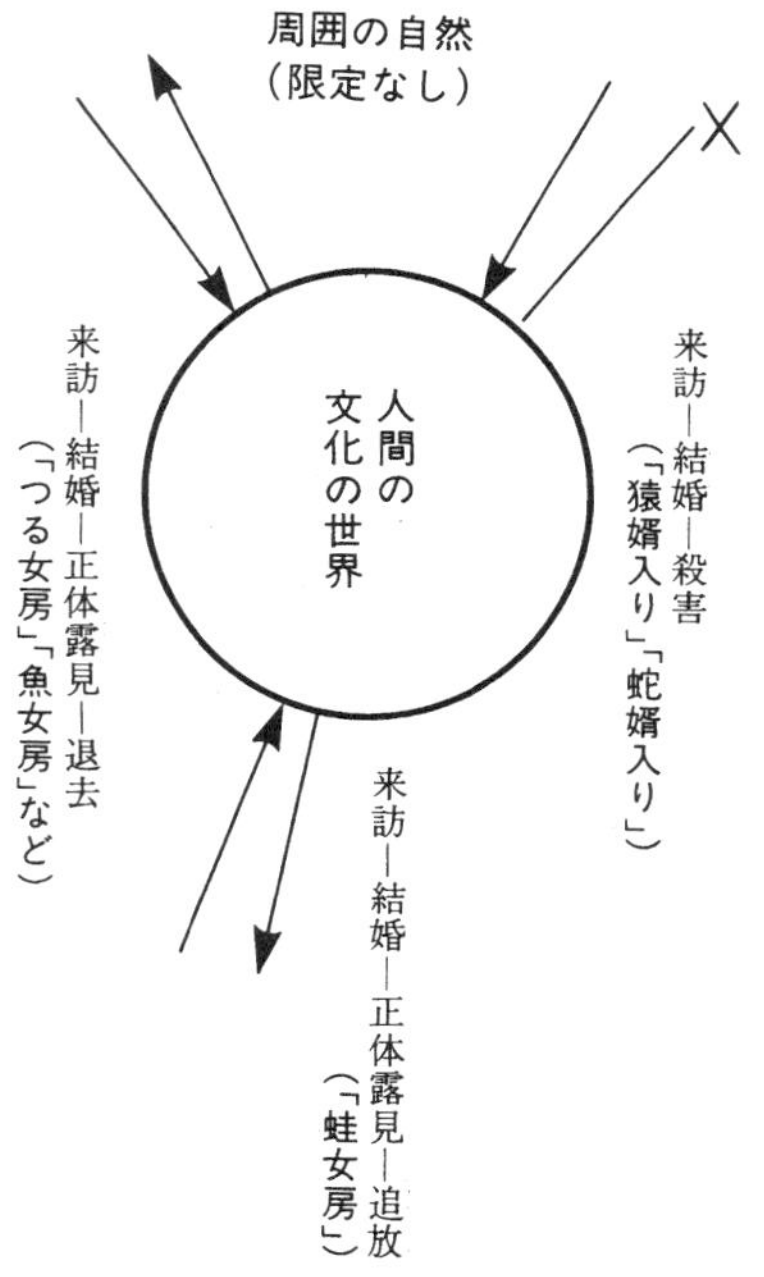

人間の文化の世界と周囲の自然との境界線

これを前掲の動物の姿を基準とした構造図とは別に、自然と人間の文化の世界を基準として図にすると、右図のようになる。

ここでは円で示された人間の文化の世界とそれをとりまく自然との境界線は、たいへん厳しいようである。日本の異類婚姻譚の主たる関心は、上述のように、この境界線を越えて人間界に入ってきたパートナーに、結婚した後、人間がどう対処するかに集まっているようである。

パートナーが女性のとき、人間はその正体を知ると追放する。それに対して、パートナーが男性のときには殺害する。再び来ることを防ぐためであろう。男性の異類に対しては警戒心が強いことがわかる。単に追放には留まらず、必ず殺害しなければ、その後の安心が獲得できないと感じているのであろう。話の冒頭では平和的な来訪であったのに、男性の来訪者には人間は断乎として生命を奪う。この境界線の意識は極めて強いといわざるをえない。

来訪するパートナーが女性の場合でも、人間の生命を脅かすようなパートナーであれば、人間は極めて警戒心を強くもつ。「食わず女房」型の場合がそれである。その一例を全文で示すことにする。

「人にもの食《か》せたくねえ男の話」(8)

むかす、あったずもな。

あるところに、なにもかにも欲ァ深くて、人《しと》さもの食《か》せたくねえ男あったったずもな。その男ァ年ごろになったから、みんなすて、

「嫁《かが》もらえ、がが《かが》もらえ」

って言《し》ってば、その男ァ、

「飯食《めす》うががば、いらねます」って、

「飯食《か》ねががでばもらんとも、飯食うががばもらねます」

って、一向《いっこ》ががもらねでらったずもな。

そすてるうつに、あるとき、その男の家《え》さ、立派な女《おなご》来たずもな。

「おれァ、飯食《か》ねから、ががにしてけろ」

って来たずもな。その男ァ、

「ほんとに食《か》ねが」

ってば、

「ほんとに食《か》ね」

ったずもな。

したったずが、いかにも、その男さば仕度して食《か》せたずども、われ食《か》ねかったずもな。そだども、その男ァ、人《しと》さもの食《か》せたくねえくしぇの男だから、きしね櫃〈米櫃〉見れば、なんぼしても、われ一人《しとり》して食うより、米の減《へ》かた違《つが》ったったずもな。その男ァ、

「この女《おなご》ァほんとに食《か》ねべか、いつかためしてみる」

気になったずもな。そして、あるとき、

「町《まッつ》さ行ってくっからな」

って言《し》ったずもな。したば、その女《おなご》ァ、

「おんでれ、おんでれ」って、

「したら、にんにく三把《ぱ》買っておんでれや」

って言《し》ったずもな。

　そして、その男ァ町さ行ってくるふりして、馬屋桁《まやげた》さあがって、見てらずもな。そうすっとその女《おなご》ァ、土間《にわ》のおっきな釜さ水入れたずもな。そして火焚いたずもな。して、のが、のが、のが、のがと焚かさると、湯、煮たったずもな、ぐらぐらぐらぐらと。そうすっと、奥の部屋さ行って、米片馬《かだま》〈三斗五升〉かついできたずもな。そして、その煮たってら釜の中さ、ざわりあけて、片馬の飯煮てすまったずもな。

　馬屋桁で見てら男ァ、

「さっ、これァまつ大変《てえへん》だ。なんたことすんだべ」

と思ってれば、その立派な頭《あだま》の髪ふぐすてば、頭の中におっきな口《くっ》あったったど。その片馬の飯煮たの、握って投げ込み、握って投げ込み、みんな食ってすまったずもな。

　その男ァ、馬屋桁で見てれから、

「さあ大変《てえへん》だ、こりゃ化けもんだが。今度ァおれ、取って食《か》れねばねが」

と思ってらずもな。したど、いつまでも馬屋桁にばりもいらえねがら出はって、帰《け》ってきたふりして、

「いま来たじぇ」

ってば、〔女《おなご》ア〕「はやかったなます」って、そして、その男さ、仕度して食《か》せたずもな。われハ、食《か》ねずす。にんにく三把買ってきてば、そのにんにく三把、ぺろり食ってすまったずもな。

そしたったずが、その晩げ、その女《おなご》ァうんと腹病みしたずもな。それこそ、そこいらじゅう、ころずまろず〈ころげまわって〉病んだずもな。そしてば、その男ァ、

「どらどら、おれ、呪《まじ》ねえことしてけるからよ」

って、ががのそばさ行って、手合《あ》せたずもな。

「米片馬《かだま》の祟《たた》りかあ、

にんにく三把の祟りかあー」

ったずもな。

そすと、その女《おなご》ァむっくり起きあがったずもな。そのときハ、頭さ角生《つのお》いてあったど。そして、その男取って食んべと手のべたずもな。

その男ァ押さらえたくねがら、走《はし》ぇったずもな。家《え》の中走ぇてあるってらってわがねかから〈だめだから〉、戸あけて、戸外《とげ》さ出はったずもな。そしたば、空桶《からこが》あったったど。その男ァ、その空桶《からこが》の中さ入《へ》って隠れたずもな。そうすとその女《おなご》ァ、その空桶《からこが》さ入れた男、こうすて担《かつ》んで、山さ走ぇあがったずもな。わらわら、わらわら、わらわらーって、山さ

走ぇあがったずもな。

　そすてるうつに、雑木林さ入《へ》ったずもな。その空桶《からこが》の中さ、ぱらん、ぱらん、ぱらん、ぱらんと、木の枝っこ入《へ》ったったずもな。そすてるうつに、ちょうどやんべくしぇな〈いいあんばいの〉ナラの木の枝っこ入《へ》ったったずもな。その男ァ、そのナラの木の枝っこさ取っ付《つ》て、その桶《こが》から抜け出はったずもな。

　その化けものァ、それとァ知ぁねえで、ずうっと上まで担《かつ》んでいったずもな。そしてその男、「おろすて食《く》べ」と思って、桶《こが》おろしてみてば、男ァいねがったど。

「さあ、すうくった〈しくじった〉。これァ逃げられた」

と思って、山からおりてくっとき、なにい、なにもかにも、髪はぶっちらけてすまる、口《くつ》は耳のわきまで裂げる、およばねかった〈とんでもない姿だった〉ずもな。

　そして、その男ァ抜け出はったとこまで来ってば、人臭《しとく》せかったど。人臭せかったずども、その男ァ、そのとき桶《こが》から抜け出はって、菖蒲《しょうぶ》とヨモギの間《えだ》っこさ入《へ》って隠れたんだと。その化けものは、菖蒲とヨモギの匂《ぬお》いかげば、われの方《ほ》ァ腐ってすまる化けものだったんだと。そしてその男ァ、菖蒲とヨモギの間《えだ》っこさ入《へ》って隠れたんだと。

　その日が、ちょうど五月の五日の節句の日だったんだと。だがら、節句に菖蒲とヨモギ屋根ささすのァ、その化けものの魔除《まよ》けなんだと。そして、菖蒲湯さ入《へぇ》るのも、そなな魔物にあわねえよにって、菖蒲湯さ入《へぇ》るんだってさ。どんどはれ。　（岩手県遠野市）

話の冒頭で、立派な女が「飯食《か》ねから、ががにしてけろ」と言って来たとき、それは平和的な来訪と思われた。ところが、女の正体が若者によって見破られてからの女の行動をみると、あれは来襲とよばれるべきものだったことがわかる。

正体が見破られてから女は攻撃に転じ、空桶に入った男を桶ごとかついで山へ向けて走る。しかし男はうまく桶から抜けだし、菖蒲とよもぎの間に入ってかくれる。追う化けものは菖蒲とよもぎの臭いをかぐと体が腐ってしまう化けものだったので、男を捕えることはできなかった。それ以来、菖蒲とよもぎを節句の魔《ま》除《よ》けに使うようになった、と由来話として終っている。

境界線を守る安全装置

この部分は従来、菖蒲とよもぎを魔除けとする習俗の由来話としてのみ理解されてきたが、日本の異類婚姻譚のなかでみると、もっと重要な機能をもっていることがわかる。

既に述べた通り、日本の異類婚姻譚では、来訪したパートナーが女性である場合には、パートナーが自ら退去したり、追放されたりして話はそのまま終る。ということは、これらのパートナーは人間の世界からはいなくなったが、自然のなかのどこかにはいるはずである。しかし、それは女性だから危険とは思われず、そのまま放置される。

パートナーが男性の場合には、人間の世界から去ったとして放置するわけにはいかない。また来襲する危険があるのである。そこで、殺害して話は終る。危険なパートナーはそれによって、この世にはもはや存在しなくなる。それではじめて人間は自らの存在の安全を確認できる。周囲をとりまく自然のなかで自らの存在を安全にすること、それは昔話を伝えた人びとの重大関心事だったのだろう。そうすると、パートナーが女性であっても、それが人間の存在を脅かすものであれば、それをこの世から抹殺しなければならないはずである。

ところがこの「食わず女房」をみると、結末において、化けものは抹殺されていない。人間である主人公が危険を逃れただけである。すると、この化けものはまだこの世に存在し、いつ何時《なんどき》また人間の世界に来襲するか、わからない。それでは人間は安心して生きていかれない。もちろん昔話もそこで終るわけにはいかない。

そこで、菖蒲とよもぎが、化けものの再来襲を防ぐ安全装置として機能するのである。周囲をとりまく自然のなかから、さまざまな力が、あるいはものが境界線を突破して人間の文化の世界に押しよせてくる。それを防ぐ安全装置が必要なのである。この安全装置があってはじめて、人間は、食わず女房であった化けものがまだこの世のどこかに生きていても、境界線の中で安心して暮らせるのである。

これを前例にならって図示すると、次ページのようになるであろう。

去った化けものが、二度と再び人間の文化の世界に入ってこないように、わざわざ安全装

飯食わぬ女の来訪―正体露見―攻撃―危険からの脱出―安全装置
（「食わず女房」）

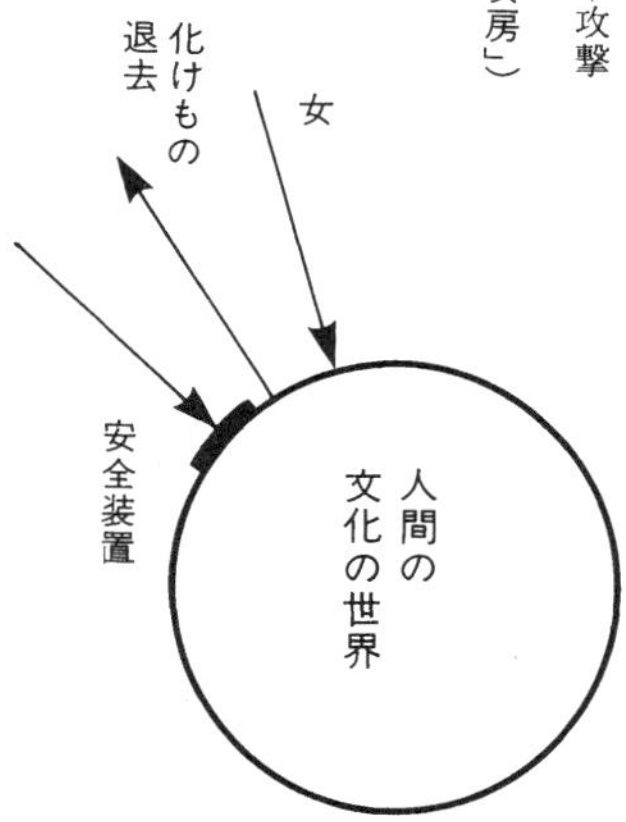

置を考えだすということは、日本人がこの境界線を、いかに強く意識していたかを示している。ということはつまり、日本人にとっては、周囲の自然は恵みをもたらしてくれる反面、大きな脅威だったのである。

周囲をとりまく自然のなかからの力を脅威と感じ、それを防ぐ安全装置を昔話のなかで確立している、というのが日本の異類婚姻譚の世界であることがわかった。

これをモティフェームの連鎖としてまとめると、来訪―正体露見―攻撃―危険からの脱出―安全装置の設置とまとめることができる。来訪で始まる異類婚姻譚の第四の展開の型ということができる。

周囲の自然に対する防御の固さ——昔話から読み解く日本人の行動様式

前項までの考察をまとめてみると、日本の異類婚姻譚では、まず冒頭に、自然のどこからかわからないが、動物の来訪がある。このとき人間の姿をしていることもあるし、あとから考えれば来襲とよぶべきものもあるが、大きくまとめれば来訪があるといってよい。

そして、人間の文化の世界のなかでの正体露見がある（猿婿の場合には、はじめから正体は知られているが）。

そして結末をみると、そこでは、退去、追放、殺害という三種類の終結の仕方がある。退去と追放の場合には、自然のどこかへ消えていった動物パートナーは、どこかでまだ生きているはずである。これは女性のパートナーの場合にしか起きない終結の仕方である。しかし女性でも、「食わず女房」の場合には危険な存在だから、安全装置を設置しないと終ったことにならない。

このようにみてくると、人間は動物パートナーをけっして人間界に永住させていないことは明らかである。永住させないばかりか、それが危険な存在とわかると、殺害する。危険とわかりながらも殺害できない場合には、再来襲を防ぐ安全装置を置く。ということは、日本人が、周囲の自然からの不思議な力に対して如何に強い警戒心をもっていたかを示すといえよう。周囲の自然と自分たちの世界との境界線をきつく築きあげていたのである。

もちろん、日本人とて自然から限りなく恩恵を受けていた。水、空気、植物的食糧、動物的食糧。しかし同時に自然は、どこからかわからないが不思議なものがやってくるところでもあったのである。

ここまでみてきたのは、異類婚姻譚であるから、動物が結婚のパートナーとして来た場合は、という限定ができそうだが、実はそうとは限らない。この昔話群の発端と結末のモティフェームを、ひろい意味での来訪―ひろい意味での撃退と考えると、例えば「山寺の怪」型などとよばれている妖怪譚にも同じモティフェームの連鎖があることがわかる。これも実例を全文で示すことにする。

「くもの化《ば》けもん(9)」

むかあしね、古しいお寺に、化《ば》けもんが出るがんだと。その寺に、和尚《おしょう》さんがなおると、すぐ、化《ば》けもんに食われてしもうて、いなくなるんだと。そっで、だれもちかづかねえ、あれほうだいの寺だったと。

ある日、つよげなさむらいが来てね、

「お化《ば》け寺《でら》はどこだ。おら、そこへとまって、化《ば》けもんたいじしてくれる」

ていうたてや。

「ああ、なじょも、たいじしてくれ」

て、村のもんがたのんだって。それで、そのさむらいは、古しいお寺へ行って、ゆるりへ火をたいてあたっていたてや。

夜中になったれば、おもてのほうがさわがしくなってきたと。

ツーツーツー　カラカラカラ
ツーツーツー　カラカラカラ
ていう音がしるがんだと。

ほうしたと思うたら、戸が、ガランとあいて、目がひとつの座頭《ざとう》が来て、

「こんばんは、おらあ、たびの座頭《ざとう》だども、ひとつ、ばんしょうしてくんなさい」

いうたと。さむらいは、

「ああ、なじょも、火にあたれ。おれもたいくつしてたところだ」

て、座頭《ざとう》を、ゆるりばたへすわらせたてや。

座頭《ざとう》は、背中《せなか》にかついでいるふろしきを、すとんとおとして、なかから、ほかほかとゆげのたったおはぎの重箱《じゅうばこ》を出したと。それを、むしゃむしゃとうまそうに食うてたんだが、

「おさんも、ひとつ、食わねか」

て、おはぎをひとつさしだしたと。

さむらいは、よろこんで手を出して、

「ごっつぉうさんです」

て、頭のところで、いただいたと。

ほうしたところが、手が、ぴたんと、ひたいにふっついてしもうたと。こっちの手でとろうとしたら、その手もふっつき、こんだ、足でとろうと足を出したら、それもひたいにふっつき、いまかたっぽの足もふっつき、ちょうど、だんごみてえになってしもうたと。

ひとつ目の座頭《ざとう》は、

「こんやも、さかながとれたかな。よいがさあ、よいがさ」

て、よろこんで、さむらいをふくずっていってしもうたと。

村の衆《しゅう》は、さむらいが、化《ば》けもんをたいじしてくれたかと、寺に行ってみたれば、刀だけがおちていたので、また化《ば》けもんに食われた、ていうて、ますます寺によりつかなくなった。

ほうして、また、つよげなさむらいがやってきて、

「おれが、たいじしてくれる」

て、その寺にとまったと。

さむらいは、火をたいてあたっているども、ねぶくなってどうしょもねえ、そって、足に小柄《こづか》をたってね、いねむりしたら小柄《こづか》が足をさすようにして、がまんしていたと。

夜もふけて、丑三《うしみ》つどきになるとね、草も木もねむって、川のながれもとまるがんだて

や。そこへ、
ツーツーツー　カラカラカラ
ツーツーツー　カラカラカラ
と、足音がして、戸をガランとあけて、ひとつ目の座頭《ざとう》が来たてや。

「こんばんは。おらあ、たびの座頭《ざとう》だが、ひとばんとめてくれ」

座頭《ざとう》は、また、背中《せなか》から重箱《じゅうばこ》のつつみをおろすと、ゆげのたったおはぎを、ふかふかとうまそうに食うて、さむらいに、

「ひとつ、食べねか」

いうた。ところが、さむらいは、

「いらねえ」

「そんな義理《ぎり》がたいこといわんで、食え」

ていうども、

「いや、おら、いらねえ」

て、食わねえんだ。

しまいに、座頭《ざとう》は、重箱《じゅうばこ》のおはぎをいっぺんに、さむらいになげつけたて。ほうしたら、それがくもの巣《す》になって、さむらいにまつわりついたてや。

さむらいは、

「このちくしょうめ」

てんで、その座頭《ざとう》めがけてきりつけたと。ほうしたら、

「きゃあっ」

て鳴《な》いたと思うたら、ツーツーツー、カラカラカラァ、ていう音といっしょに、その化《ば》けもんはきえてったてや。

夜があけて、村の衆《しゅう》が来てみたら、さむらいは、化《ば》けもんのかえり血《ち》でまっ赤になって、酒《さけ》をのんでいたと。ほうして、その血《ち》のあとをたどっていったれば、おみどのおくにあながあって、でっこいくもがきられて死《し》んでいたと。そのわきには、人間の骨《ほね》が、ガラガラとあったてや。

いきがポーンとさけた。


（新潟県長岡市）


寺は、まさに人間がつくりあげた文化の世界である。そこへ、周囲の自然のなかから、どこからともなく一つ目の座頭が現われて泊めてくれと言う。第一のさむらいは、この座頭の姿をしたくもの計略にひっかかって殺される。第二のさむらいは計略にのらない。座頭が攻撃をしかけてきたとき、逆に刀で切りつけて撃退する。翌朝、村人たちはくもの死体を確認した。それ故安全装置は不要のまま終結することができる。

このようにみると、この妖怪話も実は異類婚姻譚と同じ基本的構造をもっていることがわ

かる。人間である主人公にとって、来訪者の正体がわかった以上、寺のなかに永住させることはできない。それどころか、攻撃をしかけてくる敵であるから殺害しなくてはならない。座頭が、自然のどこから現われたのか、やはり不明である。それは、まわりの自然、自らの世界をとりまく自然としか考えられていないのであろう。

不特定の自然のなかからの来訪者に対する防衛、そして撃退（殺害を含む）という基本構造をはっきり認めることができる。

日本の昔話全体を見渡せば、もちろんこの基本構造以外の構造をもつ話型は存在する。しかし、本書で中心的に検討してきた異類婚姻譚については、この基本構造は明らかである。そればかりか、妖怪譚にも存在することがわかる。

これは、昔話を伝承してきた日本の農民の世界観の一端を暗示しているものと考えられる。

自然は人間の生命を養ってくれるものではあるが、反面、そこには人間の生命を脅かすものも住んでいる。それが人間の世界に入ってきたときには、恵みをもたらすものである限り許容できるが、それが実は自然のなかから来たものであることがわかると排除しなければならない。日常的な農耕作業のなかでも、猿や猪など、排除しなければならない動物はくり返し出現したことだろう。危険とわかっていれば、これは抹殺しておかなくてはならない。そこには、自然のなかで生きる場を確保し、それを守っていかなければならない農民の、きびしい自然観が反映されている。宇宙観の一端が反映されているといえるだろう。日本の昔話は自然観・宇宙観の反映であるばかりでなく、自らの存在がどこに位置しているかをよく知った、存在論的認識のつくりなす昔話ということができる。

この存在論的認識と、それに基づいた生きるための方策は、しかし、昔話のなかで終わっているだろうか。わたしには、現代日本人の、周囲の世界の受けとり方とそれへの対処の仕方に、これと極めて近い性質が感じられる。

日本という国は島国で、周りは海に囲まれている。周囲の世界に対してはそれだけで相当に強い防備ができているのだが、その上、周囲の国から日本の国へ入ってこようとする者には極めて厳しい態度で接している。

品物の輸入についても、人物の渡来についてもそれは認められる。品物の輸入に際しての厳しい規制、それは近年諸外国から緩和を要求されている問題で、いまだに解決されていないことは周知の通りである。

人物の渡来に対しても、近年ではそれが経済難民であれ、政治難民であれ、日本はほとんど受け入れていない。陸続きの国境をもっているヨーロッパ先進国とは比較にならない厳しさである。日本では強制送還さえしばしば実行されている。ほとんど、昔話における撃退を思い起こさせる。

近年、日本の会社員の海外駐在が増大している。それに伴い、海外でよく耳にする評判は、日本人は自分たちだけのコロニーを形成してしまい、現地の人たちとあまりつき合わない、ということである。

日本人は、みんなで内側を向いて輪をつくっている、と評したドイツ人もいる。これも、周囲の世界への強い警戒心の表れと考えられる。異類婚姻譚でくり返し見出してきたところである。

昔話はおとぎ話である。それは架空の物語である。しかし、それを伝えてきた農民たちは、日々の営みをしながら、互いに語りあったり、孫や子に語ってきた。するとそこにさまざまな生活の感情や感想がしみこんだであろうことは、十分想像できる。それが故に、昔話は貴重な文化財となるのである。と同時に、そこにしみこんでいる生活の感情や感想は、案外、今日の現代化した日本人にも受けつがれていることがわかる。

その意味で、昔話は現代の日本人にとっても、自らをよく知る鏡といえる。しかもそれは、日本人が平常では気づかない、深いところにひそんでいる心情を映しだす鏡といえるのである。

注

（1） 構造主義の用語。例えば、つるが助けてもらったお礼に、娘の姿をとって男の家を訪ねる、というのは具体的なモティーフである。それを一段階抽象化して、助けられたものが助けてくれた者を訪ねる、とする。そして、ここで基幹動詞をなしている「訪ねる」だけをとりだす。これをモティフェームという。アメリカの構造主義民俗学者アラン・ダンダスの考えだした概念である。
（2） 永浦誠喜語り、佐々木徳夫編『永浦誠喜翁の昔話』日本放送出版協会、一九七五年。
（3） 民話と文学の会編『阿仁の民話』一九八〇年。
（4） エピソードの接続機能について詳しくは、小澤俊夫「昔話における終止機能」（筑波大学文芸言語学系紀要『文芸言語研究・文芸篇』第16号、一九八九年）を参照。
（5） 『世界の民話』東欧編、ぎょうせい、三五一ページ。
（6） 同右書、九〇ページ。
（7） 日本の昔話における無限定の自然という問題について、国立民族学博物館の若手研究者森明子は、日本神話と関連づけて詳細に論じている（森明子「文芸における山の空間認識」『国文目白』第三十三号〈平成六年一月〉日本女子大学文学部国文学科紀要）。
（8） 小澤俊夫・荒木田隆子・遠藤篤編『鈴木サツ全昔話集』同書刊行会、一九九三年。
（9） 笠原政雄語り、中村とも子編『雪の夜に語りつぐ』福音館書店、一九八六年。

あとがき

一九七四年に日本の昔話集（*Japanische Märchen*, Fischer Taschenbuch Verlag）を西ドイツの出版社から出版したとき、国際口承文芸学会（ＩＳＦＮＲ）のメンバーである各国の学者から、いろいろな感想を寄せられた。それは、日本の口伝えの昔話を外国人の目で見たものとしてたいへん興味深いものだったので、改めて八人の学者（ドイツ二名、ソ連、スイス、トルコ、中国、オーストリア、韓国各一名）に小論文としてまとめてもらって、日本の読者向けの本にしたことがある。

そのなかでとくに話題になったことは、ヨーロッパ人の目からみると日本の昔話は伝説に近い、小澤はわざわざ本格昔話を除いてドイツ語版を作ったのではないか、ということと、日本の昔話でみる限り、日本人は動物に対して残酷である、という点であった。また、日本の昔話のなかに、ヨーロッパの民話や伝説と類似したものがかなりたくさんある、ということも驚きであったらしく、小澤はわざわざヨーロッパの民話などと似ているものばかりを訳したのではないかとさえいう学者がいた。

残酷ということについては、わたしはドイツ生活のあいだにおもしろい発見をしたことがある。ある日、ドイツ人夫婦をわが家にお招きしたとき、日本から送ってもらったたたみいわしを、日本の味としておすすめした。するとそのドイツ人の奥さんが目を丸くして言った、「まあ、日本人てなんて残酷なんでしょう、こんな小さい魚を頭ごと食べるなんて！目がこっちを見ているじゃない！」

わたしたちは、たたみいわしを食べることを残酷だと思ったことはなかったので面くらった。そしてこう言った、「いや、わたしたち日本人はドイツの肉屋の店頭に牛や豚の大きな半身がぶらさがっているのを見ると、ドイツ人は野蛮だなあと思うのですよ。動物の扱い方としてあのほうが残酷なんじゃないかな」。

「いや、牛や豚は人間の食糧として生存しているんだから、それを殺しても、それは残酷とは無関係なのよ。ただ、あんなに大きいのをぶらさげておくのは、すこしグロテスクだけどね」。

同じ残酷という概念を、日本人とドイツ人はまったく逆からみていることはあきらかである。これはそれぞれの民族の文化史的背景のちがいからくることもあきらかである。ある週刊誌には、築地の魚市場に、マグロが尻尾を切られてずらりと並べられている写真がのせてあり、「この残酷さ！」というコメントがついていたことがある。食習慣のちがいからくることである。

このようにことばが同じでも、残酷という概念の内容そのものがくいちがっているのだから、日本の昔話に関して、動物に対して残酷であると指摘されても、単純に残酷か、残酷でないかといって議論することはできないのである。昔話のなかで、人間と動物との関係をどうとらえているかというところから調べてみなければならない。それは日本の民話、とくに昔話の特質をあきらかにするひとつの試みになるだろうと考えてきた。本書はその試みのひとつなのである。

日本の昔話が、ヨーロッパでいう伝説に近いという問題は、一九七五年に、柳田国男生誕百年記念国際シンポジウムの際、アメリカのリチャード・ドーソン教授によっても指摘された。わたしはそのときドーソン教授の講演へのコメンテーターのひとりとして、「日本の本格昔話は、ヨーロッパの本格昔話よりも現実に近いところで造形されている。だからヨーロッパ人は日本の本格昔話を、ヨーロッパの伝説に近いと感じるのである」と述べた。

わたしの意識のなかでは、人間と動物との関係と、日本の本格昔話が現実に近いところで造形されているということとは、密接に関わる問題である。人間と動物との婚姻は、日本の本格昔話のなかで重要なモティーフである。そこのところを詳しく分析してみたら、日本の本格昔話の現実に近い性質がどのようにして成立しているかがわかるだろうと思うのである。

他方、わたしは、ドイツの『世界文学のメルヒェン』という九十巻をこえる大シリーズ（現在まだ刊行中だが）から、三十七巻の日本版『世界の民話』の編集と一部の翻訳をしてきた。その仕事のなかで、わたしはヨーロッパ以外のいろいろな民族の民話と親しくなった。それらはまさに「民話」という大まかな概念が妥当する口承文芸であって、けっしてヨーロッパの意味での「魔法昔話」でもないし、日本の意味での「本格昔話」でもない。そこにはたくさんの「人間と動物との婚姻譚」が、さまざまな様相を示しながら語られている。「異類婚」と呼ぶよりも「同類婚」と呼ぶにふさわしいような話もある。

日本の異類婚姻譚を、そうしたいろいろな民族の、さまざまな様相をもった「人間と動物との婚姻譚」のなかにおいてみたら、どのようにみえるだろうか。それを本書で試してみようと思ったのである。ここでおこなわれた試みは、少ない例による大まかな試みにすぎないが、この問題を解くひとつのきっかけは得られたように思う。

ひとと動物との婚姻の昔話は、どの民族にもあり、私にとってきわめて興味ある問題である。そして、一九七九年に、わたしは『世界の民話　ひとと動物との婚姻譚』（中公新書）という本を公表した。本書の第一章と第二章は、そのときの第一章、第二章に多少の手入れをしたものである。

その後も私はこの問題に興味をもちつづけ、いくつかの研究も公表してきたし、考察をつづけてきた。本書の第三章はそれらをまとめて、今回書き下ろしたものである。

最後の部分で記したように、異類婚姻譚に示された日本農民のコスモロジーは、異類婚姻譚にとどまらず、他の種類の昔話にも発見できるように思われる。この問題はさらに強くわたしの興味をひく。機会を改めて論じたいと思う。

中公新書『世界の民話　ひとと動物との婚姻譚』を発展させて、新たに講談社学術文庫の一冊として公刊するにあたっては、中央公論社に御理解いただくと共に、講談社学術文庫の砂田多恵子さんに、たいへんお世話になった。記して感謝したい。

小澤俊夫

一九九四年九月二十日　南生田にて

ヤ 行

ラ 行

ワ 行

タ　行

索　引

ア　行

カ　行

サ　行

本書の原本は一九九四年講談社学術文庫の一巻として刊行されました。

小澤 俊夫（おざわ としお）

１９３０年中国長春生まれ。口承文芸学者。筑波大学名誉教授。
東北薬科大学講師を経て、日本女子大学教授、ドイツ マールブルク大学客員教授、筑波大学副学長、白百合女子大学教授を歴任。国際口承文芸学会副会長（現在名誉会員）及び日本口承文芸学会会長も務めた。現在、小澤昔ばなし研究所所長。「昔ばなし大学」主宰。
２００７年にはドイツ ヴァルター・カーン財団のヨーロッパ・メルヒェン賞受賞。２０１１年ドイツ・ヘッセン州文化交流功労賞受賞。
著書：『昔話の語法』（福音館書店）、『グリム童話の誕生』（朝日新聞社）、『改訂　昔話とは何か』、『昔話からのメッセージ ろばの子』、『グリム童話集 200 歳—日本昔話との比較』、『グリム童話考』（以上、小澤昔ばなし研究所）、『働くお父さんの昔話入門』（日本経済新聞社）他。
訳書：マックス・リュティ著『ヨーロッパの昔話——その形と本質』（岩波書店）、同著『昔話　その美学と人間像』（岩波書店）、ハインツ・レレケ著『グリム兄弟のメルヒェン』（岩波書店）他。

小澤俊夫の昔話講座③
昔話のコスモロジー　復刻版
—ひとと動物との婚姻譚—

2014年３月３日　初版発行
2020年３月20日　第４刷発行

著　者　小澤俊夫
発　行　有限会社　小澤昔ばなし研究所
〒214-0014　神奈川県川崎市多摩区登戸 3460-1　パークホームズ 704
TEL　044-931-2050　E-mail　mukaken@ozawa-folktale.com
印　刷　吉原印刷株式会社
製　本　株式会社渋谷文泉閣
ISBN978-4-902875-60-7 Printed in Japan

Cosmology of Folktales
written by Toshio Ozawa
published by Ozawa Folktale Institute, Japan

小澤昔ばなし研究所の本

小澤俊夫の昔話講座① 入門編
こんにちは、昔話です
小澤俊夫著
四六判一九二頁
一〇〇〇円＋税

小澤俊夫の昔話講座②
グリム童話考
小澤俊夫著
四六判三二〇頁
一四〇〇円＋税

改訂　昔話とは何か
小澤俊夫著
四六判二七二頁
一八〇〇円＋税

昔話からのメッセージ
ろばの子
小澤俊夫著
四六判二二四頁
一八〇〇円＋税

グリム童話集二百歳
日本昔話との比較
小澤俊夫著
四六判二八八頁
一八〇〇円＋税

定価は消費税別です

小澤昔ばなし研究所の本

子どもの場所から
小沢 牧子 著
四六判二四二頁
一四〇〇円＋税

学校って何—「不登校」から考える
小沢 牧子 著
四六判二三二頁
一四〇〇円＋税

老いと幼なの言うことには
小沢 牧子
エリザベス・コール
B5判変型 九六頁
一五〇〇円＋税

〈子どもに贈る昔ばなし〉シリーズ
四六判変形

⑬ 桃もぎ兄弟　一三〇〇円＋税
⑭ 鬼とあんころもち —幼い子のための昔ばなし—　一〇〇〇円＋税
⑯ 占い八兵衛　一三〇〇円＋税
⑰ ばけんもんを一口　一四〇〇円＋税

定価は消費税別です